Elemente der Politik

Herausgegeben von
H.-G. Ehrhart
Hamburg

B. Frevel
Münster

K. Schubert
Münster

S. S. Schüttemeyer
Halle

Die ELEMENTE DER POLITIK sind eine politikwissenschaftliche Lehrbuchreihe. Ausgewiesene Experten und Expertinnen informieren über wichtige Themen und Grundbegriffe der Politikwissenschaft und stellen sie auf knappem Raum fundiert und verständlich dar. Die einzelnen Titel der ELEMENTE dienen somit Studierenden und Lehrenden der Politikwissenschaft und benachbarter Fächer als Einführung und erste Orientierung zum Gebrauch in Seminaren und Vorlesungen, bieten aber auch politisch Interessierten einen soliden Überblick zum Thema.

Herausgegeben von
Hans-Georg Ehrhart
Institut für Friedensforschung
und Sicherheitspolitik an der
Universität Hamburg, IFSH

Bernhard Frevel
Fachhochschule für öffentliche
Verwaltung NRW, Münster

Klaus Schubert
Institut für Politikwissenschaft,
Westfälische Wilhelms-Universität
Münster

Suzanne S. Schüttemeyer
Institut für Politikwissenschaft,
Martin-Luther-Universität
Halle

Bernhard Frevel · Nils Voelzke

Demokratie

Entwicklung – Gestaltung – Herausforderungen

3. Auflage

Bernhard Frevel
Fachhochschule für öffentliche
Verwaltung NRW, Deutschland

Nils Voelzke
Universität Münster
Deutschland

Elemente der Politik
ISBN 978-3-658-16867-4   ISBN 978-3-658-16868-1   (eBook)
DOI 10.1007/978-3-658-16868-1

Die Deutsche Nationalbibliothek verzeichnet diese Publikation in der Deutschen Nationalbibliografie; detaillierte bibliografische Daten sind im Internet über http://dnb.d-nb.de abrufbar.

Springer VS
© Springer Fachmedien Wiesbaden GmbH 2004, 2009, 2017
Das Werk einschließlich aller seiner Teile ist urheberrechtlich geschützt. Jede Verwertung, die nicht ausdrücklich vom Urheberrechtsgesetz zugelassen ist, bedarf der vorherigen Zustimmung des Verlags. Das gilt insbesondere für Vervielfältigungen, Bearbeitungen, Übersetzungen, Mikroverfilmungen und die Einspeicherung und Verarbeitung in elektronischen Systemen.
Die Wiedergabe von Gebrauchsnamen, Handelsnamen, Warenbezeichnungen usw. in diesem Werk berechtigt auch ohne besondere Kennzeichnung nicht zu der Annahme, dass solche Namen im Sinne der Warenzeichen- und Markenschutz-Gesetzgebung als frei zu betrachten wären und daher von jedermann benutzt werden dürften.
Der Verlag, die Autoren und die Herausgeber gehen davon aus, dass die Angaben und Informationen in diesem Werk zum Zeitpunkt der Veröffentlichung vollständig und korrekt sind. Weder der Verlag noch die Autoren oder die Herausgeber übernehmen, ausdrücklich oder implizit, Gewähr für den Inhalt des Werkes, etwaige Fehler oder Äußerungen. Der Verlag bleibt im Hinblick auf geografische Zuordnungen und Gebietsbezeichnungen in veröffentlichten Karten und Institutionsadressen neutral.

Gedruckt auf säurefreiem und chlorfrei gebleichtem Papier

Springer VS ist Teil von Springer Nature
Die eingetragene Gesellschaft ist Springer Fachmedien Wiesbaden GmbH
Die Anschrift der Gesellschaft ist: Abraham-Lincoln-Str. 46, 65189 Wiesbaden, Germany

Inhalt

**1 Demokratie – Annäherung
an einen facettenreichen Begriff**   1
1.1 Zum Demokratie-Begriff   4
1.2 Zur Gestaltung des Buches   8

**2 Vorläufer der
modernen Demokratie** 11
2.1 Ursprünge im antiken Athen 13
2.1.1 Die Entwicklung zur Demokratie 14
2.1.2 Die Gestaltung der Demokratie 18
2.1.3 Antike Staatstheorie 20
2.2 Demokratie und die Philosophie
der Aufklärung 27
2.3 Wie viel Volk darf herrschen? –
Montesquieu vs. Rousseau vs. Mill . . . 31

VI   Demokratie

2.3.1 Montesquieus Vorstellung
      der Gewaltenteilung   32
2.3.2 Rousseaus Idee der Volkssouveränität . .   38
2.3.3 Mills Vorstellungen
      der repräsentativen Demokratie   45
2.4   Impulse der US-amerikanischen
      Demokratie und der
      Französischen Revolution   57
2.4.1 Die Federalist Papers 58
2.4.2 Auswirkungen der
      Französischen Revolution   64

3   **Demokratie heute** 69
3.1   Demokratiekriterien   71
3.1.1 Volkssouveränität   72
3.1.2 Bürgerschaftliche Partizipation   75
3.1.3 Politischer und gesellschaftlicher
      Pluralismus   78
3.1.4 Macht- und Herrschaftsbegrenzung . . .   80
3.1.5 Rechts- und Sozialstaatlichkeit   84
3.2   Demokratietheoretische
      Grundlagen   87
3.2.1 Konservative
      Demokratievorstellungen   89
3.2.2 Pluralismustheorie   94
3.2.3 Soziale Demokratie
      und Demokratischer Sozialismus   99
3.2.4 Partizipative und deliberative
      Demokratietheorien   102
3.2.5 Systematisierung zeitgenössischer
      Demokratietheorien   111

3.3	Demokratische Staats- und Regierungsformen	115
3.3.1	Direkte Demokratie und repräsentative Demokratie	116
3.3.2	Parlamentarisches und präsidentielles System	120
3.3.3	Konkurrenz- und Konkordanzdemokratie	126
3.4	Demokratische Prozesse und ihre Akteure	133
3.4.1	Die Bürger als Wähler, Kontrolleure und Mitentscheider	134
3.4.2	Parteien	140
3.4.3	Organisierte Interessen	149
3.4.4	Regierung und Verwaltung	155
3.4.5	Politische Kommunikation	166
4	**Siegeszug der Demokratie?**	175
4.1	Problematisierung	177
4.2	„Wir sind das Volk!" – Wege zu mehr Volkssouveränität?	184
4.2.1	Bürgerliche Partizipation	184
4.2.2	Digitalisierung der Demokratie	188
4.3	Demokratiekritik in etablierten Demokratien	197
4.3.1	Leistungsgrenzen der Demokratie	199
4.3.2	Funktionale Selbstblockade	201
4.3.3	Normative Selbstüberforderung	208
4.3.4	Populismus, Extremismus, Terrorismus in der (wehrhaften) Demokratie	213

4.4	Probleme der Internationalisierung und Globalisierung	220
4.5	Transformation und Transition zur Demokratie	230
4.5.1	Globale Demokratisierungsprozesse	230
4.5.2	Postdemokratie	239
4.6	Demokratiereformen – auf dem Weg zu einer Neodemokratie?	242

Kommentierte Literaturhinweise 247

Literatur 251

1
Demokratie – Annäherung an einen facettenreichen Begriff

In diesem einleitenden Kapitel lernen Sie die Vielfalt und den Ursprung des Begriffs Demokratie kennen. Es werden Ihnen Fragen zur genaueren Analyse des Begriffs Demokratie aufgezeigt und dargelegt, wie das Lehrbuch strukturiert ist, um Ihnen Antworten auf die Fragen zu geben.

Der alltägliche Blick in die Tageszeitung, das Lesen von Nachrichten-Websites und das Betrachten der Fernsehnachrichten konfrontiert den politisch Interessierten in großer Regelmäßigkeit mit dem Begriff „Demokratie". Es wird von *demokratischen Wahlen* berichtet, der *Demokratisierungsprozess* in einem fernen Land betrachtet, die *innerparteiliche Demokratie* thematisiert und vom *demokratischen Wettbewerb* gesprochen. Das Parlament übt seine *demokratische Kontrolle* aus, über mehr *direkte Demokratie* wird nachgedacht und die Verletzung des *demokratischen Anstands* beklagt. Es wird gemahnt, dass die *demokratischen Parteien* im Kampf gegen den Extremismus zusammenstehen sollen und auch *Demokratiedefizite* werden befürchtet, wenn nicht die politische Bildung der Jugend verbessert werde. Es ist der Grundtenor der seriösen Medien, dass Demokratie etwas Gutes, Schützenswertes, Pflegebedürftiges ist und antidemokratisches Denken und Handeln wird beklagt, angeprangert und kritisch beleuchtet.

Auf der anderen Seite finden sich jedoch auch kritische Stimmen zur Demokratie bzw. zum Zustand der Demokratie: Demokratische Entscheidungsprozesse seien häufig zu langsam, dort errungene Kompromisse seien verwässert, die demokratische Partizipation weise Schwachstellen auf, die politische Effizienz der Demokratie sei nicht besonders hoch und die Verantwortlichkeit der politischen Akteure sei in einem Meer an Demokratie nicht zu erkennen. Viele, die solche Kritik äußern, verstehen sich durchaus als Demokraten und sie streben eine Verbesserung der Demokratie an. Doch gibt es auch andere, die die Demokratie an sich ablehnen, anderen Herrschaftsformen anhängen und beispielsweise ein autoritäres Führersystem, eine Räterepublik, eine diktatorische Elitenregierung oder auch anarchistische Formen bevorzugen.

Wenn im 20. Jahrhundert und zu Beginn des 21. Jahrhunderts das hohe Lied der Demokratie gesungen wurde und wird, überdeckt die Lautstärke des Chores, dass

1 Annäherung an einen facettenreichen Begriff

- die Demokratie des aktuellen Demokratieverständnisses noch eine recht junge Regierungsform ist,
- ihre Verankerung in den Köpfen und Herzen der Bürger mitunter recht brüchig ist,
- andere Regierungsformen in einigen Aspekten den Vergleich zur Demokratie gar nicht scheuen müssen,
- Demokratie der Begriff für eine schillernde Vielfalt an Regierungsformen ist,
- wo „Demokratie" drauf steht gar nicht immer „Demokratie" drin ist und
- Demokratie vor dem Hintergrund des sozialen Wandels zu ihrer Erhaltung einer stetigen Erneuerung bedarf.

Winston Churchill, der frühere Premierminister Großbritanniens – immerhin eine anerkannte Demokratie –, bezeichnete die Demokratie gar einmal im Londoner Unterhaus als die schlechteste Regierungsform *("worst form of government"),* um dann jedoch einzuschränken, dies gelte abgesehen von all den anderen bislang ausprobierten Regierungsformen (Churchill 1983: 7566).

Die kritischen Haltungen zur Demokratie sind vielfältig. Bezeichnete schon Aristoteles (384–322 v. Chr.) die Demokratie als eine Entartungsform der Herrschaft, bei der der Pöbel, also das niedere Volk die Macht ausübe, fürchtete der deutsche Philosoph Immanuel Kant 1795 in seiner Schrift „Zum ewigen Frieden", dass eine Demokratie, in der alle Bürger die Herrschergewalt besitzen, „notwendig ein Despotism" sei (2004: 207). Platon (427–347 v. Chr.) erkannte in der Demokratie eine „Staatsform des Verfalls". Thomas Hobbes sah im 17. Jahrhundert die Gefahren von Günstlingswirtschaft und verführender Demagogie. Auch im 20. und bis ins beginnende 21. Jahrhundert ließe sich eine Liste von Demokratiekritikern von Carl Schmitt bis Götz Kubitschek ausweiten und ihre Positionen ließen sich gegen die Haltungen der Demokratiebefürworter stellen.

Meinen die alle eigentlich dasselbe, wenn sie von Demokratie reden und schreiben? Würden die alten Philosophen auch die heutigen Formen von Demokratie als entartet, despotisch oder verfallend werten? Augenscheinlich sind Demokratie und Demokratie nicht das Gleiche – weder in den Zeitläuften, noch in den politischen Ideologien, noch zwischen den vielen demokratischen Staaten. Eine weitere Annäherung an den Demokratiebegriff tut Not …

1.1 Zum Demokratie-Begriff

Der Ursprung des Wortes Demokratie ist griechisch, es ist eine Zusammenführung der Wörter „demos" – das Volk und „kratein" – herrschen. Demokratie steht also für die „Herrschaft des Volkes". Diese Volksherrschaft steht zunächst in Abgrenzung zu anderen Herrschaftsformen wie der Monarchie, also der Herrschaft des Einzelnen, z. B. eines Königs, der Aristokratie (der Herrschaft des Adels) oder der Oligarchie, einer Herrschaft der Wenigen, wie sie z. B. von Militärregimen ausgeübt wird. Diese Abgrenzung zu anderen Herrschaftsformen sagt jedoch selbst noch nicht so viel über die Demokratie selbst aus, vielmehr stellen sich eine Menge Fragen, wenn über deren Inhalt und Gestaltung nachgedacht wird:

Wer ist das herrschende Volk? Sind es nur die freien waffenfähigen Männer (wie im alten Griechenland) oder auch die Frauen (wie in der Schweiz erst seit 1971 und im Schweizer Kanton Appenzell Innerrhoden erst seit 1990)? Sollen auch Ausländer an der Volksherrschaft teilhaben (wie EU-Bürger an Kommunalwahlen)? Die Frage, ob Dunkelhäutige an der Herrschaft beteiligt werden dürfen, wurde nicht nur in den USA bis weit ins 20. Jahrhundert eher mit ‚nein' beantwortet, sondern auch in den Apartheitsstaaten Südafrika und Südrhodesien bis 1994 bzw. 1980. Kann vielleicht innerhalb des Volkes noch die Herrschaftsbeteiligung differenziert werden, z. B. zwischen viel Steuern zahlenden und wenig Steuern zahlenden Bürgern (z. B. im preußischen Dreiklassenwahlrecht), zwischen Gebildeten und Ungebildeten? Gehören zum herrschenden Volk auch Kinder und Jugendliche? Bedarf es einer wie auch immer zu messenden oder zu erfassenden Intelligenz oder Reife, um an der Volksherrschaft teilzuhaben? Ist Teilhabe an der Volksherrschaft ein Recht des einzelnen Bürgers oder kann er (wie in Belgien und Luxemburg) dazu auch verpflichtet werden? …

Wie kann das Volk herrschen? Kann das Volk vielleicht über alle Fragen, die die Gemeinschaft betreffen, direkt gemeinsam abstimmen – wie in der griechischen Antike, beim germanischen Ting unter der Dorflinde oder in den schweizerischen Gemeindeversammlungen, den sog. „Landsgemeinden"? Reicht es aus, wenn das Volk ein Herrschaftsgremium bestimmt oder die Regierung kontrolliert? Kann von Demokratie gesprochen werden, wenn eine wie auch immer geartete Elite „im Namen des Volkes" herrscht (oder dieses vorgibt)? Muss sich das herrschende Volk (weitgehend) einig sein in seinen Herrschaftsbeschlüssen oder darf die Mehrheit des Volkes über die Minderheit bestimmen?

Um es vorwegzunehmen: Eine eindeutige Antwort auf diese Fragen gibt es nicht. Hunderte von Philosophen, Politikern und Politikwissenschaftlern geben unterschiedlichste Antworten, setzen verschiedene Schwerpunkte und führen komplizierte theoretische Diskurse über die „wahre" oder auch nur „richtige" Form der Demokratie. Der Blick in die Werke der vergleichenden Demokratieforschung und zur politischen Theorie zeigt die verwirrende Vielfalt an Demokratien, z. B.:

- Direkte Demokratie,
- Repräsentative Demokratie,
- Konkurrenzdemokratie,
- Mehrheitsdemokratie,
- Konkordanzdemokratie,
- Pluralistische Demokratie,
- Konsensusdemokratie,
- Parlamentarische Demokratie,
- Plebiszitäre Führerdemokratie,
- Soziale Demokratie,
- Demokratischer Sozialismus,
- Ökonomische Demokratie,
- Präsidentielle Demokratie,
- Radikale Demokratie,
- Deliberative Demokratie,
- Partizipative Demokratie.

1 Annäherung an einen facettenreichen Begriff

Sie unterscheiden sich sowohl in der Frage, *wer* das herrschende Volk ist, als auch in der Einschätzung, *wie* das Volk herrscht bzw. staatliche Herrschaft legitimiert. Sie haben unterschiedliche Vorstellungen darüber, inwieweit Demokratie lediglich als Staats- und Regierungs- oder erweitert gar als Lebensform anzusehen ist.

Abraham Lincoln (1809–1865), der 16. Präsident der Vereinigten Staaten von Amerika, sagte in seiner berühmt gewordenen Gettysburg-Address am 19. November 1863, Demokratie sei *„government of the people, by the people, for the people"*, also Herrschaft, die aus dem Volk hervorgeht *(of)*, durch das Volk *(by)* und in seinem Interesse *(for)* ausgeübt wird. Angesichts der vielen vorgenannten Fragen mag diese politische Definition von Demokratie noch immer nicht befriedigen. Sie eröffnet jedoch diverse Möglichkeiten, in Theorie oder Praxis vorhandene Demokratien daraufhin zu überprüfen, wie sehr sie die drei Dimensionen des ‚of', ‚by' und ‚for' berücksichtigen.

> **Zum Nach- und Weiterdenken**
>
> Was bedeutet Demokratie im Sinne des Wortursprungs?
>
> Erläutern Sie welche zwei zentralen Fragen sich in Bezug auf die Ausgestaltung von Demokratie stellen.
>
> Erläutern Sie an von Ihnen gewählten Beispielen Abraham Lincolns Beschreibung von Demokratie als „government of the people, by the people, for the people".

1.2 Zur Gestaltung des Buches

In dem vorliegenden *Elemente*-Band[1] werden zunächst historische und strukturelle Grundlagen der Demokratie betrachtet. Ausgehend von den Frühformen der Demokratie im antiken Griechenland werden anschließend wesentliche Impulse für die moderne Demokratie nachvollzogen, die sich in politisch-philosophischen Diskursen im 16., 17. und 18. Jahrhundert niederschlagen, wobei der Blick auch auf die Entwicklungen in die frühen USA und die Auswirkungen der Französischen Revolution gerichtet wird.

Im dritten Kapitel steht die heutige Demokratie im Vordergrund. Anhand verschiedener Merkmale und Gestaltungsformen soll verdeutlicht werden, welche Gemeinsamkeiten die modernen Demokratien haben und

---

1 Das Lehrbuch wurde für die 3. Auflage grundlegend überarbeitet, aktualisiert und um neue Aspekte zum Thema ergänzt. Die demokratietheoretischen Grundlagen wurden um die deliberative und die partizipative Demokratietheorie und eine Systematik zeitgenössischer Demokratietheorien erweitert, politische Kommunikation und die gewandelte Rolle der Medien in Demokratien werden im Bereich Prozesse und Akteure dargestellt und alte und neue Herausforderungen für die Demokratie werden im letzten Teil des Buches noch strukturierter und ergänzt um neue Aspekte, wie Digitalisierung, Populismus, Post- und Neodemokratie analysiert. Ferner finden die Leserinnen und Leser nun gegenüber den Vorauflagen zu Beginn der einzelnen Kapitel eine kurze Übersicht über Inhalt und Lernziele sowie am Ende der Kapitel Vertiefungs- und Verständnisfragen sowie Tipps zum Weiterlesen.

woran sich andererseits die Unterschiede erkennen und erklären lassen. Ziel ist es hier aufzuzeigen, dass sich hinter dem Begriff der Demokratie eine Vielzahl an unterschiedlichen Staats- und Gesellschaftsformen verbirgt, die einen genauen Blick auf die spezifische Gestaltung notwendig machen.

Im abschließenden Kapitel geht es um die Problematisierung der Demokratie. Vielfältige politische, ökonomische und soziale Wandelprozesse haben im noch jungen 21. Jahrhundert wichtige Rahmenbedingungen der Demokratie tiefgreifend verändert. Der Aufbau und gleichzeitig der Niedergang von Nationalstaatlichkeit, die Globalisierung, die Individualisierung, die Revolution in der Kommunikationstechnologie oder die Veränderungen im Gebiet der internationalen Sicherheit können als Stichworte dienen, die für den Wandel stehen und sich auch auf die Gestaltung der Demokratie auswirken. Es zeigen sich Leistungsgrenzen von einzelnen Demokratieformen, welche durch eine Zunahme an Populismus, funktionaler Selbstblockaden und normativer Selbstüberforderung mehr und mehr unter Anpassungsdruck stehen. Diese Entwicklung führt zum Teil zu sogenannten Postdemokratien. Es werden jedoch auch Reformansätze als mögliche Lösung zur Schaffung von neuen Demokratieformen vorgeschlagen.

Literatur zum Weiterlesen und Vertiefen

➡ Die komplette *Gettysburg Address* von Abraham Lincoln vom 19. November 1863: http://www.loc.gov/exhibits/gettysburg-address/.
➡ Meyer, Thomas (2009): Was ist Demokratie? Eine diskursive Einführung. Wiesbaden: VS Verlag für Sozialwissenschaften.

2

Vorläufer der modernen Demokratie

In diesem Kapitel zu den Vorläufern der modernen Demokratie lernen Sie die Entwicklung des politischen Systems im antiken Griechenland, dem Übergang von der Adelsherrschaft über die Tyrannis zur athenischen Demokratie, kennen (Herodot, Aristoteles Staatsformenlehren und Demokratiekritik) (Abschnitt 2.1).

Die Impulse der Philosophie der Aufklärung für den Freiheitsbegriff in der Demokratie werden am Beispiel von Kant und Hegel erklärt (Abschnitt 2.2).

Die Auseinandersetzung um die Frage der richtigen Form der Volksherrschaft, wird an Montesquies Vorstellung der Gewaltenteilung, Rousseaus Idee der Volkssouveränität und Mills Vorstellungen einer repräsentativen Parlamentsdemokratie aufgezeigt (Abschnitt 2.3).

Wie die Debatte um die Ausgestaltung der US-amerika-

nischen Demokratie unser heutiges Demokratieverständnis beeinflusst, lässt sich anhand eines Blicks auf die föderalen Strukturen und die Gewaltenverschränkung erfassen, wie sie in den Federalist Papers berücksichtigt werden, und welche von Alexis de Tocqueville in ihrer Umsetzung in seinem Werk „Über die Demokratie in Amerika" kritisch analysiert werden. Den Abschluss des Kapitels bildet die Betrachtung der Auswirkungen der Französischen Revolution und die sich in der Folge entwickelnden Demokratien (Abschnitt 2.4).

Der Siegeszug der Demokratie im 19. und 20. Jahrhundert zur geachteten und weit verbreiteten Staats- und Regierungsform ist beileibe keine Selbstverständlichkeit. Zwei Jahrhunderte der Demokratisierung waren auch zwei Jahrhunderte intensiven politischen Streits, heftiger Kriege und Systemkonflikte, blutiger Putsche und Revolutionen. Faschistische und kommunistische Regime, Militärregierungen, Gottesstaaten, Diktaturen unterschiedlichster Fundierung und absolutistische Herrschaftsformen standen und stehen der Demokratie entgegen. Der Kalte Krieg zwischen den konkurrierenden Systemen von marktwirtschaftlicher Demokratie unter der Führung der USA einerseits und dem von der UdSSR geführten planwirtschaftlichen Kommunismus andererseits prägte die politische Auseinandersetzung nicht nur in Europa, sondern auch in Teilen Asiens, Afrikas und Lateinamerikas von der Mitte bis fast zum Ende des 20. Jahrhunderts. Der deutsche Nationalsozialismus beendete 1933 die erste Demokratie der Weimarer Republik. Die UdSSR erstickte 1968 Demokratisierungsversuche in der Tschechoslowakei. In Chile wurde 1973 der demokratische Sozialismus des Salvador Allende mit einem Putsch beendet. Aber in den 1970er Jahren setzt sich die Demokratie in Spanien, Portugal und Griechenland gegen rechte Regime durch. Und unvergessen sind die Übergänge vom Kommunismus zur Demokratie in der DDR, in Russland, in Polen, in Tschechien und anderen ost- und südosteuropäischen Staaten in den Jahren ab 1989. Mit dem Ruf „Wir sind das Volk" wurde das Streben der DDR-Bürger nach Freiheit und Demokratie zum Motto eines historisch einmaligen demokratischen Transitionsprozesses einer riesigen Region von Magdeburg bis Wladiwostok und von Murmansk bis Taschkent.

Bis zu diesem Siegeszug, der teilweise stabile, aber nicht selten auch recht fragile Ergebnisse hervorbrachte, war die Demokratie jedoch heftig umstritten. Über den Sinn und die Leistungsfähigkeit der Demokratie, über die Gestaltung und den Nutzen dieser Staatsform gibt es in verschiedenen Epochen viele Auseinandersetzungen. Angefangen hat es im Wesentlichen vor ca. 2 700 Jahren im antiken Griechenland …

2.1 Ursprünge im antiken Athen

In jedem Geschichtsunterricht wird auf die Demokratie im antiken Griechenland hingewiesen und in kaum einem Lehrwerk zur Politik fehlt der Verweis auf die demokratischen Errungenschaften der alten Athener. Viele zentrale Begriffe, wie Politik, Polizei, Demokratie, Monarchie aber auch Demagogie, sind hellenistischen Ursprungs und machen noch heute deutlich, dass die Entwicklungen in den attischen Stadtstaaten nachhaltige Wirkung besitzen. Auch die Staats- und Herrschaftsphilosophie hat bedeutende Impulse von den Altgriechen Herodot, Platon, Aristoteles und anderen erfahren. Ein Blick zurück kann deshalb nur erhellend sein.

2.1.1 Die Entwicklung zur Demokratie

Bis weit ins 7. Jahrhundert vor Christus war in den griechischen Landen neben der Herrschaft des Adels die Tyrannis eine weit verbreitete und in unterschiedlichsten Formen bestehende Regierungsform. Selten länger während als das Menschenleben des Tyrannen und nur manchmal auch auf eine nachfolgende Generation übertragene Herrschaft steht dieser politische Systemansatz für die „nicht nur usurpierte, sondern auch mit Gewalt aufrecht erhaltene Herrschaft" (Heuss 1976: 144). Wie auch in späteren Jahrhunderten fand die Tyrannis durchaus Anerkennung beim Volk sowie teils unwillige, teils erleichterte Akzeptanz bei den Adligen. So mancher Tyrann wurde aufgrund seines Wirkens auch als „Weise" angesehen und konnte mit allgemeiner Einwilligung bzw. Billigung regieren. Die Herrschaft der Tyrannen war an einigen Orten ein wesentlicher Grund für den Aufschwung der griechischen Architektur mit vielen Tempelbauten oder auch für die frühe Ingenieurkunst des Kanal- oder Hafenbaus. Gleichwohl setzten die Tyrannen ihre Projekte häufig unter massivem Macht- und Gewalteinsatz durch, was mit dazu beitrug, dass ihre Herrschaft in zeitweiligen Mangel- oder Problemsituationen vom Volk toleriert wurde, aber nach der „Problemlösung" über nicht genügend Beharrungsfähigkeit und Legitimation verfügte, um sich längerfristig zu etablieren.

Die Tyrannis war vielerorts als ein politischer Durchbruch anzusehen, da die Tyrannen für die von ihnen beherrschten Regionen die archaische Sippen- und Adelsherrschaft beendeten, eine frühe Form von Staatlichkeit schufen und die Erkenntnis brachten, dass Gesetze nicht einfach nur gottgegeben seien, sondern von Menschen erlassen und durchgesetzt werden können.

In Athen stellte sich die Situation aus mancherlei geographischen, demographischen und ökonomischen Gründen anders als in anderen griechischen Regionen dar. Zwar gab es auch in Athen soziale und politische Spannungen zwischen dem adligen Regiment und dem beherrschten Volk, doch erreichten diese nicht den gefährlichen Punkt, an dem sich eine Person unter Gewaltanwendung an die Macht bringen und eine Tyrannis aufbauen konnte. Vielmehr schlugen 632 v. Chr. der Adel und die ihm gehorchende Landbevölkerung den Versuch eines Staatsstreichs von Kylon, einem Schwiegersohn des Tyrannen von Megara, gemeinschaftlich zurück. Als Konzession für die Loyalität zum Adel errang das Volk jedoch die Aufzeichnung des Rechts, also den Erlass von Gesetzen. Unter Drakon wurden insbesondere das Strafrecht kodifiziert und Strafen für die verschiedenen Verbrechen festgelegt – daher auch der noch heute gebräuchliche Begriff der „drakonischen Strafen". Dies kam einer Brechung der adligen Willkür gleich, bedeutete aber nicht die grundlegende Änderung der politischen und sozialen Verfassung Athens.

Eine solche Änderung setzte erst 594 v. Chr. ein, als Solon eine Vormachtsstellung im Adelsrat, dem *Archontat*, gewann und mit umfassenden Vollmachten ausgestattet die Reform der politischen und sozialen Strukturen in Angriff nahm. Vor allem mit folgenden Maßnahmen veränderte er die problematische Lage in Athen: Einer Bauern- und Armenbefreiung, in dessen Rahmen Gläubiger auf ihre Ansprüche verzichten mussten und in ausländische Sklaverei getriebene Athener aus öffentlichen Mitteln zurückgekauft wurden, einer Ausweitung der Aufzeichnung des Rechts, welches nun von jedem Staatsbürger einklagbar war, und die Einführung des politischen Bürgerrechts. Lagen bislang die politischen Rechte ausschließlich bei den Adligen, begründete nun das Einkommen das politische Mitwirkungsrecht. Solon teilte das Volk in vier Besitzklassen auf – von den Vielverdienern bis zu den Besitzlosen. Die vier Klassen besaßen das gleiche aktive Wahl- und Stimmrecht in der Volksversammlung, die für die Zusammensetzung des Volksgerichts, die Wahl der obersten Beamten, die Verabschiedung der Gesetze und die Entscheidung über Krieg oder Frieden verantwortlich war. Ebenso wählten die Angehörigen der vier Klassen den „Rat der 400". Nach Klassen differenziert war jedoch das passive Wahlrecht. In den Kreis der obersten Beamten konnten nur Angehörige der ersten Klasse gewählt werden. Der „Rat der 400" war den drei obersten Klassen vorbehalten. Die Besitzlosen verfügten also nur über das aktive und nicht über das passive Wahlrecht.

2 Vorläufer der modernen Demokratie

Diese Einteilung nach dem Zensus war gegenüber der vorherigen Adelsordnung ein bedeutsamer Schritt. Die politischen Rechte wurden deutlich erweitert und mit der Schaffung der „Timokratie" als Herrschaft der Besitzenden wurde ein wichtiger Vorläufer der Demokratie installiert. Auch die quasi „rechtsstaatlichen" Elemente waren ein Vorgriff auf die heutige Demokratie. Gleichwohl gilt es zu bedenken, dass auch mit der Einteilung in Besitzklassen noch immer große Teile der Athener Bevölkerung von der politischen Teilhabe ausgeschlossen blieben – weder hatten Frauen Beteiligungsrechte, noch konnten die Ausländer und schon gar nicht die Sklaven mitwirken.

Die vielen Reformen Solons bedeuteten eine radikale Entmachtung des Adels, der politischen Einfluss mit den anderen Bürgern teilen musste und zudem die Bauern- und Armenbefreiung zu finanzieren hatte. So ist es nachvollziehbar, dass die von ihm geschaffene neue Ordnung bekämpft wurde, die Spannung zwischen den Bevölkerungsgruppen zunahm und die Stabilität der Timokratie gering war. Schon 560 v. Chr., also nach nur 34 Jahren, zerbrach das System. Unterstützt von den Kleinbauern baute Peisistratos eine Tyrannis auf, die den Adligen noch mehr Rechte nahm, die Bauern bevorzugte, die Gesetze Solons beibehielt und Athen zur wirtschaftlichen und kulturellen Blütezeit führte. Die breite politische Beteiligung wurde durch die Alleinherrschaft ersetzt, die durchaus Gewalt einsetzte, aber gegenüber dem einfachen Volk mit sozialer Wohlfahrt auftrat und deshalb Unterstützung erfuhr. Auf Peisistratos folgten die Tyrannen Hippias und Hipparch, Peisistratos Söhne.

Und erst 509 v. Chr. wurde unter Kleisthenes die Demokratie geschaffen.

2.1.2 Die Gestaltung der Demokratie

Für Kleisthenes ging die größte politische Gefahr von den Adligen aus. Ihre traditionelle Vormachtstellung in den Volksstämmen und die von ihnen ausgehende Gefahr, wieder eine Tyrannis zu errichten, wollte der neue Herrscher brechen, wozu er auf eine deutliche politische Stärkung der Bürgerschaft setzte. Eine wesentliche Neuerung war die Abschaffung der Bürgerschaftseinteilung nach dem Stammes-Prinzip und die Installation eines Regionalprinzips mit Lokalgemeinden, die zu selbstständigen Verwaltungseinheiten aufgewertet wurden.

Alle Bürger waren berechtigt, an der gesetzgebenden und beschlussfähigen Volksversammlung teilzunehmen, das Volksgericht zu bestimmen sowie die Heeresführung und die Blutgerichtsbarkeit zu berufen. Für die Führung der täglichen politischen Geschäfte errichtete Kleisthenes den „Rat der 500". Je 50 Vertreter der zehn Bezirke bildeten diesen Rat. Die Zusammensetzung wurde per Losentscheid entschieden. Diese heute doch recht abstrus wirkende Zusammensetzung per Los sollte gewährleisten, dass wirklich jeder Bürger an der Macht teilhaben konnte und dass sich kein oberster Führer herauskristallisierte.

Die Vollendung der Demokratie erfolgte zwischen 462 und 458 v. Chr. durch Perikles. Alle politischen Entscheidungen werden vom Rat, den Gerichten und der Volksversammlung getroffen, die dritte Besitzklasse wird zum Beamtentum zugelassen und die Zahlung von Tagegeldern, den noch heute bekannten Diäten, sollte es jedem Bürger auch wirtschaftlich möglich machen, seine Bürgerrechte im Rat und in den Gerichten auszuüben.

Diese athenische Demokratie hat mit den heutigen Vorstellungen nicht viel gemein. Es fehlen ein Repräsentativsystem und jegliche Institutionalisierung von Regierungsarbeit. Extrem viele Bürger sind jeweils auf kurze Zeit (eigentlich nie länger als ein Jahr) auf die eine oder andere Weise in die Regierungs- und Verwaltungsarbeit einbezogen – vielfach ohne jegliche Qualifizierung, außer der durch den Bürgerstatus.

Zur Zeit des Perikles gab es ca. 40 000 zur Bürgerschaft gehörende Personen in Athen, von denen ca. ein Viertel als Männer im Alter von über 30 Jahre amtsfähig waren. Von diesen 10 000 Männern waren wohl sechs- bis achttausend (und hier überwiegend die „kleinbürgerliche" Stadtbevölkerung) in dem einen oder anderen Amt tätig.

Mit dem heutigen Verständnis von Demokratie hat die athenische Form nicht viel mehr gemein als den Namen. Als unvorstellbar und unpraktikabel wird heute das Losprinzip und die extensive politische Partizipation angesehen. Und auch der durchgängige Verzicht auf eine fachliche Qualifizierung für das Verwaltungs- und Richtergeschäft kann heute nur noch Misstrauen hervorrufen.

2.1.3 Antike Staatstheorie

Die Entwicklungsgeschichte zur und in der attischen Demokratie mit ihren positiven und negativen Wendungen, die unterschiedliche Gestaltung der Politik in den griechischen Stadtstaaten und die – aus heutiger, teilweise auch damaliger Sicht – bizarren Ausprägungen der politischen Partizipation der Bürger beschäftigten natürlich auch die Philosophen der Zeit. Die Suche nach der „richtigen" Staatsform, die empirischen (griech.: auf Erfahrung gestützten) Untersuchungen der verschiedenen Regierungsformen sowie die kritische Betrachtung der bürgerlichen Fähigkeit zur Politik prägt die staatsphilosophischen Überlegungen von Herodot, Sokrates, Platon, Polybios und – ganz besonders wichtig – Aristoteles (vgl. Gigon 1976: 589 ff.).

Herodot berichtet von einer Diskussion dreier persischer Fürsten, die sich im Jahr 521 v. Chr. über Staatsformen unterhalten hätten. Drei Typen wurden genannt und in ihren Vor- und Nachteilen beschrieben. Ein Vorzug der Demokratie sei die Rechtsgleichheit der Bürger, die Wahl der Magistrate durch das Los, die Verantwortlichkeit der Magistrate und dass letztlich alle Entscheidungen bei der Volksgemeinde lägen. Doch sie berge auch die Gefahr, dass der Staat den unberechenbaren Launen einer Volksmasse ausgeliefert werde. Da es immer nur wenige Menschen gebe, die Verstand, Charakter und Wissen besäßen, um richtig regieren zu können, müsse deshalb eine Herrschaft der Besten, eine Aristokratie, als die richtige Staatsform gesehen werden. Doch auch diese Regierung besitze Nachteile. Es gäbe doch nichts Wünschenswerteres, als wenn einer, der von allen als der Beste anerkannt wird, als Monarch frei regiert. Denn wo viele regieren, seien Rivalität, Bürgerkrieg und Mord das unvermeidliche Ende.

Die sich hier findende Dreiteilung von der Herrschaft des Einen (Monarchie), der Herrschaft der Wenigen (Aristokratie) und der Herrschaft aller (Demokratie) prägte die staatsphilosophische Diskussion. Der Historiker Polybios vertrat die Auffassung, dass der „vollkommene Staat" überhaupt nicht einer der drei Grundtypen sei, sondern eine Mischung aus allen dreien. Er war weiterhin der Meinung, dass diese drei Grundformen in der bekannten Geschichte sich in einer Art Kreislauf abwechseln, sie zunächst positive Wirkung entfalten, eine Deformation durchleben und von einer anderen zuerst guten und sich wiederum später verschlechternden Form abgelöst werden. Diese Vorstellung fußte auch auf der Betrachtung des politischen Wandels in Griechenland vom 7. bis 4. Jahrhundert vor Christi.

Der Aufstieg, Wandel und Verfall der verschiedenen Staatsformen beschäftigte auch Platon. Der Ausgangspunkt seiner Überlegungen ist die Vorstellung des „vollkommenen Staates", der sich durch die strikte Aufteilung der Gemeinde in drei Stände auszeichne: die Regenten, die die philosophische Vernunft walten lassen, die Wächter, denen der kriegerische Mut eigen ist, und die Übrigen, die nicht über das Streben nach den materiellen Gütern hinausgelangen und deshalb auch den Gesamtstaat mit eben diesen Gütern zu versorgen haben. Wo Gleichgewicht zwischen diesen Ständen besteht und die beiden oberen Stände der allumfassenden Erziehung durch das Gesetz teilhaftig werden, bestünde der beste Staat.

Die weitestreichende, bis in die heutige Zeit wirkende staatsphilosophische Betrachtung stammt von Aristoteles. Seine Staatsformenlehre ist in sich differenziert, versucht der Kompliziertheit der realen Verhältnisse soweit wie möglich Rechnung zu tragen und sie beruht nicht nur auf philosophischen Betrachtungen, sondern fußt auf dem wissenschaftlich-empirischen Vergleich von Regierungsformen.

In seiner ersten Staatsformenlehre entfaltet Aristoteles eine Kategorisierung der Herrschaftsformen anhand von zwei Merkmalen: a) der Zahl der Herrschenden und b) der Qualität der Herrschaft, die wir heute als den Grad der Gemeinwohlorientierung erfassen würden. Verdichtet auf ein Schema sieht diese Kategorisierung wie folgt aus:

Quantität \ Qualität	gut	schlecht
Herrschaft eines Einzelnen	Monarchie	Tyrannis
Herrschaft von Wenigen	Aristokratie	Oligarchie
Herrschaft von allen	Politie	Demokratie

Abb. 2.1 Aristoteles' Kategorisierung der Herrschaftsformen (eigene Darstellung)

- Positiv sei die Einerherrschaft, wenn sie von einem *Monarchen* quasi als väterliche Herrschaft ausgeübt werde. So wie dem Vater in der Hausgemeinschaft das Wohl der Familie am Herzen liege, würde der Monarch auf das Wohl seines ihm untergebenen Volkes achten, sich für dessen Wohlstand einsetzen und dessen Sicherheit gewährleisten. Entartet sei die Einerherrschaft des *Tyrannen,* der despotisch regiert und seine Macht zum eigenen Nutzen missbraucht.

- Gut sei eine Herrschaft der Wenigen, die *Aristokratie,* entweder darum, weil die Besten regieren, oder darum, weil diese Herrschaft das Beste für den Staat und seine Glieder verfolgt. In der Hausgemeinschaft entspräche die Aristokratie dem richtigen Verhältnis von Mann und Frau. Wenn sich jedoch im staatlichen Gemeinwesen die Herrschaft der Wenigen zu einer Herrschaft zum „Vorteil der Reichen", also einer Teilgruppe der Bevölkerung entwickelt, die anderen Bürger und Einwohner dadurch Schaden erleiden, so sei dies eine Verfallsform dieser Herrschaft, die *Oligarchie.*

- Wenn viele herrschen, so sollten sie im positiven Sinn wie Brüder in der Hausgemeinschaft miteinander gleichberechtigt umgehen. In der *Politie* verwaltet das Volk den Staat zum gemeinen Besten. Dies wäre nach Aristoteles am ehesten in einem auf dem Zensus beruhenden Verfassungsstaat möglich. Gestaltet es sich jedoch derart, dass „alle" an der Herrschaft teilhaben, so besteht die Gefahr, dass nun nach dem „Vorteil der Armen" gestrebt wird, dass jeder tut, was ihm gefällt und das Wohl der Gesamtheit zum Schaden der Gesamtheit aus dem Blick gerät. Dies sei die *Demokratie.*

Auf der Grundlage dieser idealtypischen Differenzierung differenzierte Aristoteles die Ausprägungen der Staatsformen jedoch weiter und relativierte dabei auch seine Kritik an der Demokratie. Vorteile der Herrschaft von Vielen seien unter anderem,

- dass die Weisheit und Erfahrung der Vielen zunehme und genutzt werden könne,
- dass die Einbeziehung der Armen zur Verbesserung derer Lebenssituation beitragen könne, woraus die etwaige Instabilität eines „Staates voll von [verarmten und ausgegrenzten, d. Verf.] Feinden" gemindert werde,
- dass die Vielen weniger leicht bestochen werden können als ein einzelner oder wenige.

Im Übrigen, so fährt Aristoteles in der zweiten Staatsformenlehre fort, gibt es große Unterschiede bei der Herrschaft der Vielen, und Demokratie sei nicht gleich Demokratie. Die soziale Struktur des Volkes, die unterschiedliche Beteiligung der verschiedenen Stände am tatsächlichen politischen Willensbildungs- und Entscheidungsprozess, die Frage, ob und wie politisch Aktive durch Diäten ihre Nicht-Erwerbstätigkeit finanzieren können und ganz besonders das Problem, ob die allgemeinen Angelegenheiten von der (relativ konstanten) „Regentschaft des Gesetzes" oder von der (fast unberechenbaren) „Vorherrschaft der Stimmen" geregelt würden, markieren die Verschiedenartigkeit der Demokratie.

Auf der Grundlage dieser Unterscheidungsmerkmale charakterisiert Aristoteles die Demokratieformen anhand der zur Herrschaft zugelassenen Bürger und dem Umfang ihrer Herrschaftskompetenz:

1. „Die erste und historisch älteste Form ist die gemäßigte Demokratie. Die Vermögensqualifikation für Regierungsämter ist eines ihrer Hauptkennzeichen, und nicht das Los wie in der reinen Demokratie. Ihre Vollbürger sind überwiegend Ackerbauern, die ihre politische Mitwirkung aufs Notwendigste beschränken und sich weithin damit zufriedengeben, die Exekutive zu wählen und die Beamten Rechenschaft ablegen zu lassen.
2. Die zweite Form der Demokratie gehört ebenfalls zu den gemäßigten Ordnungen, doch sieht sie keinen Zensus bei der Ämterbesetzung vor. Als Qualifikation genügt in der Regel die Abstammung: Schon die Eltern müssen Bürger gewesen sein. Weil aber die Ämter in dieser Demokratieform nicht besoldet werden, kann die Masse des Volkes nicht längere Zeit politisch aktiv teilnehmen.
3. In der dritten, schon stärkeren Demokratieform sind alle Bürger zur Herrschaft zugelassen. Doch herrscht hier, wie in den beiden zuvor erwähnten Gemeinwesen, das Gesetz über ämterbezogene und sachbezogene Entscheidungen, nicht die jeweilige Stimmenmehrheit.
4. Die vierte Demokratieform ist die ‚äußerste' oder ‚extreme Demokratie', die Radikaldemokratie, zugleich die historisch jüngste und zudem die Staatsverfassung, die Aristoteles in Athen verwirklicht sieht […]. Im Unterschied zu den ersten Formen spielt die Bindung

an das Gesetz in dieser Demokratieform keine nennenswerte Rolle. Hier ist das Volk der Herr der Staatsgeschäfte, der ohne Bindung an das Gesetz über alles entscheidet und sich sogar ‚eklatante Rechtsbrüche' leisten kann [...]. Zur Basis der extremen Demokratie gehören die politische Gleichheit aller Bürger und die Besoldung der politischen Mitwirkung an den Beratungen und Abstimmungen in der Volksversammlung und in den Gerichten. Dadurch werden die gesamte städtische Bevölkerung und die große Masse der Landbevölkerung abkömmlich für die Politik, und sie bestimmen diese – im ungünstigsten Fall wie ein tyrannischer Alleinherrscher [...] und mit größter Anfälligkeit für Demagogie." (Schmidt 2010: 34)

Aristoteles machte aus seiner Ablehnung der extremen Demokratie keinen Hehl. Sie sei eine pervertierte Staatsform. Seines Erachtens braucht der Staat eine Regierungsform, bei der die Gesetzesherrschaft stärker ist als die Volksherrschaft der Stimmen. Es verdient die Vergabe der Staatsämter durch eine Wahl – statt des Los-Verfahrens. Nicht alle, aber dennoch viele Bürger sollen politische Rechte besitzen – und diese Zuordnung ist durchaus durch den Zensus zu bestimmen, wobei dieser jedoch nicht so hoch liegen dürfe, dass eine Oligarchie entstünde. Eine Mischform von Oligarchie und Demokratie könnte nach seiner Auffassung eine gute Verfassung abgeben, die dann – je nach Mischungsverhältnis mehr eine legitimierte Aristokratie oder mehr eine Politie wäre.

Bei der Betrachtung dieser immerhin schon 2 400 Jahre alten Auseinandersetzung mit den Staatsformen wird deutlich, warum das Werk Aristoteles' seine Bedeutung bis heute hat. Wesentliche Fragen, die die Demokratietheoretiker auch in der Neuzeit diskutieren, wurden schon von ihm angedacht und seine Positionen wirken in die Überlegungen zur Demokratie nach.

> **Zum Nach- und Weiterdenken**
>
> Stellen Sie die drei unterschiedenen Herrschaftsformen dar und erläutern Sie die Einschätzung Aristoteles in seiner ersten Staatsformenlehre in Bezug auf „gute" und „schlechte" Ausprägungen der Herrschaftsformen.
>
> Aristoteles unterscheidet in seiner zweiten Staatsformenlehre die Demokratien unter Berücksichtigung der „Qualifikation" von Bürgern und Staatsbediensteten. Mit welchen Instrumenten meint Aristoteles einen Mangel an Qualifikation auffangen zu können, um eine „gute" Demokratie zu gewähren?

2.2 Demokratie und die Philosophie der Aufklärung

Die annähernd 2 000 Jahre, die zwischen der griechischen Entwicklung und der philosophischen Betrachtung der Demokratie einerseits und der hohen Zeit politisch-philosophischer Überlegungen in der Aufklärung andererseits liegen, waren keineswegs demokratielose Jahre. Im politischen Denken blieb Aristoteles durchaus noch vorhanden, in der römischen Republik setzte sich die philosophische Suche nach der richtigen Staatsverfassung fort und auch während der Zeiten, in denen sich in Europa Staat und (katholische) Kirche die Herrschaft teilten bzw. gemeinschaftlich ausübten, waren die Überlegungen, wie sich Herrschaft legitimiere und welche Bedeutung dabei das Volk habe, durchaus virulent. Auch die praktisch ausgeübte Demokratie fand verschiedentlich ihren Raum, z. B. in einigen freieren politischen Gemeinwesen in Holland, in der Schweizer Eidgenossenschaft oder auch in deutschen Stadtrepubliken. Vorherrschend war jedoch bis weit ins 18. Jahrhundert in Europa die Staatsform des Absolutismus. Der Umbruch in die neue Zeit der Demokratie begann mit dem Denken, dem Denken der Aufklärung, das im ausgehenden 17. und 18. Jahrhundert zu sehr unterschiedlichen Entwürfen des Zusammenhangs von Macht, Herrschaft und Individuum führte. Waren es in deutschen Landen insbesondere Johann Gottlieb Fichte (1762–1814), Georg Wilhelm Friedrich Hegel (1770–1831) und Immanuel Kant (1724–1804), die ihre Überlegungen vom „autonomen Ich", vom „objektiven Geist" oder der „reinen Vernunft" veröffentlichten, so dachten die Franzosen Jean Bodin (1529–1596), Charles de Montesquieu (1689–1755) und Jean Jaques Rousseau (1712–1778) sowie die Engländer Thomas Hobbes (1588–1679) und John Locke (1632–1704) ebenfalls – und in ihren Entwürfen zum Staatswesen durchaus konkreter als die genannten Deutschen – über die „richtige" Ordnung nach. Geprägt war die Diskussion von den unterschiedlichen Interpretationen der Freiheit, des Umgangs mit der Freiheit sowie der Rolle des freien Individuums in Staat und Gesellschaft.

Für die Aufklärer – und hier exemplarisch Immanuel

Kant (2004: 53 ff.; 127 ff.) – steht die Freiheit im Zentrum ihrer Überlegungen, wobei sie jedoch Freiheit nicht mit Beliebigkeit, Herrschaftslosigkeit oder gar Anomie in Beziehung setzen, sondern mit Mündigkeit, Verantwortung und Vernunft. „Aufklärung ist der Ausgang des Menschen aus seiner selbst verschuldeten Unmündigkeit. Unmündigkeit ist das Unvermögen, sich seines Verstandes ohne Leitung eines anderen zu bedienen" (ebd.: 53). Bestehendes nicht ohne Kritik ungefragt hinzunehmen, Gesetze nicht ohne Einsatz von Vernunft zu akzeptieren und auch das eigene Handeln vernünftig zu gestalten, war das Credo des Königsberger Philosophen. Das Verstehen der Welt und das vernünftige, verantwortungsvolle Handeln in der Welt galten als Ziele der Aufklärung, die freies Denken zum „heiligen Recht der Menschheit" erklärt.

Auf das Politische gemünzt meint die Freiheit nicht die Freiheit von Herrschaft, sondern die Freiheit zum mündigen Denken und Handeln. Auch wenn Kant dem (damaligen) Verständnis von Demokratie kritisch-ablehnend begegnete und er die Gefahr des Despotismus sah, so ist doch das von ihm geförderte Verständnis von einem vernunftbegabten, mündigen, freien, gleichen und selbstständigen Bürger (ebd.: 145) grundlegend für eine moderne Demokratie heutigen Verständnisses.

Auch für Georg Friedrich Wilhelm Hegel war das Verhältnis des einzelnen zu der bürgerlichen Gesellschaft und dem Staat ein zentrales philosophisches Thema, das er ausgehend von dem Gedanken der Freiheit betrachtet. Freiheit sei jedoch nicht ohne „Geist" – ein Zentralbegriff in Hegels Werk – möglich (Hegel 2016, ¹1807). Der Geist ermöglicht die Selbsterkenntnis und schafft so die Freiheit, in Form von Autonomie und Selbstmächtigkeit. Die Freiheit des Individuums sei die Unabhängigkeit von äußeren Einflüssen. Dabei erkennt Hegel die fortbestehende Abhängigkeit von Naturgegebenheiten an sowie sieht die Grenzen der Freiheit der Person in der Freiheit seiner Mitmenschen und in den Belangen des menschlichen Zusammenlebens. Diesen Gedanken führt Hegel radikaler weiter als zum Beispiel Kant, indem er die Freiheit des einzelnen und die Freiheit der Gemeinschaft stärker aufeinander bezieht.

„Frei, das heißt selbstmächtig, kann nur die Einheit sein, die alle Individuen umfasst, und das ist der ‚Volksgeist'. Die Individuen fühlen sich frei in der Einheit ihres Volkes, und so weiß sich der Volksgeist unmittelbar frei, weil er im Bewusstsein der Individuen bei sich selbst bleibt." (Göhler/Klein 1991: 306).

Mit dieser Ein- (bzw. Unter-)ordnung der Freiheit der Person in die Freiheit der Gemeinschaft und des Staates zeichnete Hegel ein demokratiekritisches Bild, das nur auf das Bewusstsein des Einzelnen seiner selbst, seine bewusste Einordnung in den Volksgeist und seine wissende Anerkenntnis der Gemeinschaft zielt, was jedoch die reale Beteiligung der Bürger an der Herrschaft quasi ausschließt bzw. diese nicht erfordert. Für den Einzelnen reduziert sich die politische Freiheit von realer Teilhabe am Allgemeinen auf ein Bewusstseinsphänomen, wodurch das Individuum jedoch an innerer Freiheit gewinne. Die innere Freiheit durch die Verfügung über Geist ermöglicht es dem einzelnen, sich in sich selbst und in einer Einheit wiederzufinden und somit innerliche Autonomie zu erlangen. Diese Einheit muss jedoch auch Gestalt annehmen, sichtbar und erfahrbar sein – und dies leistet der politische Staat, der den Willen der Allgemeinheit in der sittlich zerrissenen ökonomischen Welt verwirklicht.

Hegels politische Philosophie kann als Bezugspunkt für den bewusst und gezielt undemokratischen Obrigkeitsstaat verstanden werden, da sie die innere, geistige Freiheit stärker betont als die politische Freiheit und Herrschaftsteilhabe. Sein Denken liefert dennoch wichtige Hinweise für die Gestaltung moderner Demokratien, als dass es einer Einheit, den Staat repräsentierender und die Gesellschaft integrierender Institutionen, bedürfe. Die Demokratie lebe von der Identifikation der Bürger mit dem Staat und brauche die geistige Freiheit dieser (vgl. Göhler/Klein 1991: 317).

Zum Nach- und Weiterdenken

Auch wenn Kant und Hegel der (damaligen) Vorstellung von Demokratie kritisch gegenüberstanden, haben sie in ihren philosophischen Schriften wichtige Ideen für das heutige Verständnis entwickelt. Welche sind Ihnen wichtig?

2.3 Wie viel Volk darf herrschen? – Montesquieu vs. Rousseau vs. Mill

War die philosophische Diskussion der Aufklärer für die weitere politische Entwicklung in Richtung Demokratie wegen der Betonung von individueller Verantwortlichkeit, der Betonung der Freiheit sowie der Differenzierung von Menschenrechten und Menschenpflichten schon bedeutsam, so ist die in Frankreich und England geführte Debatte um die Frage „Wieviel Volk darf herrschen?" von noch größerer Wichtigkeit und nachhaltiger Wirkung. Kontrovers lagen in Frankreich die Position Montesquieus (1689–1755) und Rousseaus (1712–1778) zueinander. So unterschiedlich deren Verständnis von der Souveränität des Staates bzw. des Volkes auch waren, die von ihnen ausgehenden Impulse für die Entwicklung der modernen Demokratie sind beachtlich.

2.3.1 Montesquieus Vorstellung der Gewaltenteilung

Die in Europa vom 15. bis ins 19. Jahrhundert in vielen Staaten gültige Staatsordnung war die Monarchie. Der Monarch, also der Alleinherrscher, stand z. B. als König an der Spitze des Staates und verfügte über eine ungeheuer große Machtfülle. Er herrschte vielfach absolut, also losgelöst und unumschränkt, war weder an Gesetze oder eine Verfassung gebunden, noch musste er die Macht mit anderen Kräften teilen. Zum Sinnbild des Absolutismus wurde der Satz des französischen Königs Ludwig XIV., der von 1661 bis 1715 regierte: „L'etat, c'est moi!" – „Der Staat bin ich!"

Monarchische Willkür, Vettern-, Günstlings- und Mätressenwirtschaft, Eingriffe in die Glaubensfreiheit sowie unkalkulierbare Herrschaft bedrückten das Volk. Mit einer Form von Neid blickten die wenigen Gebildeten und Kundigen nach England. Dort hatte sich in zähem Ringen das Londoner Parlament zum Ende des 17. Jahrhunderts Teile der Herrschaft gesichert und das absolute Herrschen des Königs beendet. Das Parlament war jedoch keine Volksvertretung im heutigen Sinn, sondern die Versammlung der Adligen (deren Relikt das britische Oberhaus ist). Der englische König musste Herrschaftsbefugnisse an die Adelskammer abtreten. Das kam besonders klar im Steuerbewilligungsrecht des Parlaments zum Ausdruck. Während der König früher Steuern nach Belieben, also nach seinem Geldbedarf, auferlegen konnte, brauchte er von nun an die Zustimmung der im Parlament vertretenen Stände – der Betroffenen. Ein weiteres Zugeständnis bestand darin, dass sich der König verpflichten musste, auf willkürliche Verhaftung von ihm missliebigen Personen zu verzichten. Diese Vereinbarung stellte eine große Veränderung der politischen Verhältnisse dar.

Die Vorgänge in England waren ein Schritt auf dem Weg zum Konstitutionalismus, der den Absolutismus ablöste. Konstitutionalismus bedeutet, dass die Ausübung der Herrschaft an Regeln und Gesetze gebunden wird und dass der Monarch nicht länger allein herrscht, sondern andere Machtträger neben sich dulden muss.

Die Verhältnisse in England wurden in anderen Teilen Europas als Vorbild bewundert. Auch der französische Philosoph und Politiker Montesquieu, die Kurzform für Charles de Secondat, Baron de la Brède et de Montesquieu, stand der unumschränkten Herrschaft ablehnend gegenüber. Nachdem er von 1729 bis 1731 England bereist hatte, um die dortige politische Ordnung näher kennen zu lernen, fasste er seine Eindrücke in einer kurzen Abhandlung zusammen und veröffentlichte sie als 6. Kapitel des 11. Buches seines politischen Hauptwerkes „Vom Geist der Gesetze".

Montesquieu baute auf die aristotelischen Gedanken auf und erweiterte sie mit dem Erfahrungsschatz, der das angehäufte Wissen über die antiken Republiken, die Kleinstaaten Italiens und Deutschlands, den englischen Parlamentarismus, die Monarchien des neuzeitlichen Europas und insbesondere den französischen Absolutismus birgt. Seine Staatsformenanalyse enthält (1) die Monarchie, in der der Alleinherrscher durch festliegende und verkündete Gesetze in seiner Macht beschränkt ist, (2) die Despotie mit einer unumschränkten Alleinherrschaft und (3) die Republik, bei der das Volk als Körperschaft bzw. bloß ein Teil des Volkes die souveräne Macht besitzt. Diese Republik ist wiederum in die zwei Formen der Demokratie und der Aristokratie zu trennen. In ersterer Form ist das Volk die Körperschaft souveräner Macht, in zweiterer ist es ein (privilegierter) Teil des Volkes. Einschränkend ist jedoch hinzuzufügen, dass Montesquieu unter „Volk" nicht die gesamte Bevölkerung verstand, sondern nur das vermögende Bürgertum. Das niedere Volk, der Pöbel und auch Frauen zählten in seinem Sinne nicht dazu.

Das Besondere an Montesquieus Gedanken war, dass er die Macht nach drei Funktionen trennte, die er als Gewalten bezeichnete:

- die gesetzgebende (Legislative),
- die ausführende (Exekutive) und
- die richterliche bzw. rechtsprechende Gewalt (Judikative).

Diese drei Gewalten sollten nach seiner Ansicht auf verschiedene Machtträger verteilt werden. Denn wer Macht hat, so sagt er mit Blick auf die Geschichte, neigt dazu diese zu missbrauchen. Um das zu verhindern, müssen Vorrichtungen vorhanden sein, dass die (eine) Macht die (andere) Macht im Schach hält: *„que le pouvoir arrete le pouvoir".* Diese Vorkehrungen fand er nach seiner Überzeugung in England erfüllt. Die dortige Verfassung gewährleiste daher Freiheit. Durch die Gewaltenteilung soll eine Balance erreicht und zugleich verhindert werden, dass ein Machtträger zu stark wird und dann die Freiheit bedrohen oder gar vernichten kann. Bei Montesquieu sieht das wie folgt aus:

- Die gesetzgebende Gewalt soll von einer Volksvertretung und einer Adelskammer ausgeübt werden; er schlägt also nochmals eine Trennung vor, die der Gliederung der Gesellschaft entspricht.
- Die ausführende Gewalt liegt in der Hand des Monarchen. Er führt die Gesetze aus und betreibt die Außenpolitik.
- Die richterliche Gewalt soll bei unabhängigen Gerichten liegen.

Die Abbildungen 2.2 und 2.3 können den Grundgedanken Montesquieus verdeutlichen.

Legislative	Exekutive	Judikative
M O N A R C H			

Abb. 2.2 Gewaltenkonzentration im Absolutismus (eigene Darstellung)

Legislative		Exekutive	Judikative
Adelskammer	Volksvertretung	MONARCH	unabhängige Gerichte

Abb. 2.3 Gewaltentrennung nach Montesquieu (eigene Darstellung)

Doch so strikt wie in diesem Bild die Gewalten getrennt sind, war es von ihm nicht vorgesehen. Nicht Gewaltentrennung, sondern Gewaltenteilung und Gewaltenverschränkung waren von ihm vorgesehen. Dies wird von Riklin (2006: 282) wie folgt geschildert:

„Die *gesetzgebende Gewalt* ist auf die drei sozialen Kräfte Volk, Adel und König bzw. die drei Organe Volkskammer, Adelskammer und Monarch verteilt. Dabei hat das Volk bzw. die Volksversammlung die stärkste Stellung, der Monarch die schwächste, während der Adel bzw. die Adelskammer die Mitte einnimmt – Mitte im doppelten Sinn von mittlerer Stärke und vermittelnder Kraft. Kein Gesetzgebungsakt kommt zustande ohne die Zustimmung aller drei sozialen Kräfte bzw. aller drei mit gesetzgebenden Kompetenzen ausgestatteten Organe.

Auch die *ausführende Gewalt* liegt in den Händen aller drei sozialen Kräfte bzw. der drei Organe der Volkskammer, der Adelskammer und des von seinen Ministern unterstützten Monarchen. Hier hat nun freilich der Monarch den stärksten Anteil. Das Parlament kann die Exekutiventscheidungen nicht verhindern; insofern nimmt es an der Exekutive nicht teil […]. Aber es hat präventive (Gesetzes- und Finanzbindung des Monarchen) und repressive Einflussmöglichkeiten (Kontrolle der Gesetzesausführung, Kontrolle und Bestrafung der Minister).

Die *rechtsprechende Gewalt* ist auf zwei soziale Kräfte bzw. vier Organe verteilt (Volksgericht, Adelsgericht, Volkskammer, Adelskammer). Nur der Monarch hat hieran keinen Anteil.

Das *Parlament* hat als Hauptfunktion die Gesetzgebung zugewiesen. Aber es verfügt nicht über die ganze legislative Gewalt, und es erfüllt exekutive und judikative Nebenfunktionen. Das *Volksgericht* nimmt einen Teil der judikativen Gewalt wahr und hat ausschließlich rechtsprechende Funktion. Dem *Adelsgericht* ist ebenfalls ein Teil der rechtsprechenden Gewalt anvertraut, aber die Mitglieder des Adelsgerichts kumulieren in Personalunion Richteramt und Parlamentsmandat."

Montesquieus Beschreibung war stark beeinflusst von den politischen Verhältnissen in England, ohne sie jedoch exakt zu kopieren, sowie von den staatstheoretischen Überlegungen John Lockes. Die von ihm entwickelte Lehre der Gewaltenteilung hat in vielen Staaten die verfassungsrechtliche Diskussion und die politische Entwicklung stark geprägt. Noch heute gilt – wenn auch in verschiedenen Gestaltungsformen – das von ihm entwickelte Prinzip der Gewaltenteilung und Gewaltenverschränkung als wesentliches Merkmal der Demokratie. Es handelt sich um die Vorstellung einer „gemäßigten Demokratie" in einer konstitutionellen Monarchie. Die gesetzgebende, das Volk repräsentierende Gewalt war deutlich gestärkt, doch gleichzeitig auch eingegrenzt – ebenso wie die anderen Gewalten. Für Montesquieu war es wichtig, dass die Macht, die immer auch zum Machtmissbrauch verleiten kann, gebändigt wird und durch diese Bändigung der Machtmissbrauch möglichst verhindert wird, um so die Freiheit des Volkes zu gewährleisten.

2.3.2 Rousseaus Idee der Volkssouveränität

Montesquieus Gedanken waren für die politische Ordnung in den kontinentaleuropäischen Staaten (sofern hier überhaupt der Staatsbegriff schon zutreffend war) geradezu revolutionär und sie bewirkten in den politischen und philosophischen Kreisen heftige Auseinandersetzungen. Einer, der die Gewaltenteilung besonders stark angriff und mit einem Gegenmodell beantwortete, war der eine Generation jüngere Schriftsteller und Kulturphilosoph Jean-Jacques Rousseau. Sein Name ist unverrückbar mit den Vorstellungen der „direkten Demokratie" verknüpft und er gilt als Urheber der Identitätstheorie und des monistischen Demokratiemodells.

Auch Rousseau war dem Freiheitspathos der Aufklärung verpflichtet, kam jedoch auf der Suche nach einem freiheitlichen Staat zu einer völlig anderen Lösung, die keine „gemäßigte", sondern eine radikale Demokratie vorsah. Er wandte sich gegen die Idee der Gewaltenteilung, da sie die Staatsführung zerstückele. So wie man einen Menschen nicht aus mehreren Körpern zusammensetzen könne, müsse man auch den Staat als ein organisches Ganzes verstehen und behandeln.

Nach seiner Meinung kann jegliche Staatsgewalt nur von einem Prinzip abgeleitet werden, der Volkssouveränität. Das Volk ist der Souverän. Es verkörpert die oberste Gewalt. Diese Gewalt ist absolut und unveräußerlich, sie kann weder geteilt noch auf irgendwelche Repräsentanten übertragen werden. Nur solange das Volk diese Gewalt selbst ausübe, bleibe es frei. Das englische Volk (das bekanntlich Montesquieu zum Vorbild nahm) hielte sich zwar für frei, doch es irre sich gewaltig. Frei sei es nur bei den Wahlen zum Parlament. Sobald die Repräsentanten ins Parlament gewählt seien und dort die Gesetze beschlössen „ist das Volk Sklave, einfach nichts."

Deshalb muss das Volk die Gesetze, die alle Staatsbürger binden, selbst beschließen. Nur dann herrscht es wirklich über sich selbst und gehorcht sich auch nur selbst – Regierende und Regierte sind identisch (deshalb: Identitätstheorie). So bleibt die Freiheit der Staatsbürger erhalten. Denn wer nur seinem eigenen Willen folgt und nur sich selbst gehorchen muss, den nennen wir frei.

Rousseau hat diese Gedanken in seinem 1762 erschienenen Werk „Der Gesellschaftsvertrag oder Grundlagen des Staatsrechts" *(Du contrat social ou principes du droit politique)* breit und nicht durchweg eindeutig entfaltet, was in der Folge Raum für vielfältige Interpretationen zu ließ. Eine zentrale Rolle in seinem Demokratiemodell spielt der Begriff „Gemeinwille" *(volonté générale)*. Dazu entwickelte er folgenden Gedankengang:

Aus einem Naturzustand heraus haben sich Menschen mit einem gegenseitigen Gesellschaftsvertrag zu einem Gemeinwesen oder Staatskörper vereint. Bei diesem Akt der Gemeinschaftsbildung ist aus den einzelnen Vertragschließenden ein „geistiger Gesamtkörper" geworden, der einem einheitlichen Willen folgt. Bei dem Zusammenschluss haben die Vertragschließenden zugunsten der Gesamtheit auf alle ihre originären individuellen Rechte verzichtet, die sie im vorstaatlichen Naturzustand besessen hatten. Damit sind alle gleich geworden, haben aber ihre einstige Freiheit nicht verloren. Denn ihre Rechte haben sie nicht einem einzelnen Menschen übergeben, sondern der Gesamtheit, dessen Teil sie ja nun selbst sind. Indem sich jeder allen übergeben hat, hat er sich niemandem übergeben. Alle sind also frei und gleich.

Die so entstandene homogene Einheit handelt mit einem gemeinsamen Willen, eben der *volonté générale*. Dieser Gemeinwille ist auf das Wohl aller Staatsbürger gerichtet, auf das Gemeinwohl. Ihm unterwerfen sich alle, er ist der „wahre Volkswille", er ist „immer richtig", weil er „vernünftig" ist. Denn statt auf egoistische Privatinteressen zielt er auf das wahre Interesse, das allen Staatsbürgern gemeinsam ist, die sich im Gesellschaftsvertrag verbunden haben: in dem von ihnen geschaffenen Gemeinwesen für alle Staatsbürger Freiheit und Gleichheit zu erhalten und Gerechtigkeit zu schaffen.

Insofern stellt die *volonté générale* eine sittliche Norm dar, die dem bloßen Verfolgen eines Individualinteresses überlegen ist. Irgendwelche Schutzrechte für den Einzelnen gegenüber dem Gemeinwillen sind überflüssig, weil – so meint Rousseau – der homogene Staatskörper unmöglich den Willen haben kann, seinen Gliedern zu schaden.

Die Befolgung des Gemeinwillens führt nach Rousseau zur Verwirklichung des Gemeinwohls. Dieses Gemeinwohl ist für ihn eine objektiv a priori vorhandene Größe und kann bei gehöriger Anstrengung vom „hinlänglich unterrichteten Volk" erkannt und als Gemeinwillen artikuliert werden. Über das Zustandekommen des zum Gemeinwohl führenden Gemeinwillens macht Rousseau in seinem Werk verschiedene Angaben, die sich nicht auf einen Nenner bringen lassen. Maximal-Konzeption ist die Einstimmigkeit bei den Gesetzesbeschlüssen des Volkes. Sie wird sich seiner Meinung nach am ehesten erreichen lassen, wenn die Staatsbürger bei ihren Beratungen keine Verbindung untereinander haben, wenn sich also keine Parteien bilden. Diese nämlich hält er für verderblich, weil sie in seinen Augen lediglich Sonderinteressen organisieren und Sondermeinungen statt des Gemeinwillens vertreten. Die Existenz von Parteien ist für ihn ein sicheres Zeichen dafür, dass ein Staat sich in Auflösung befindet, weil widerstreitende Interessengruppen die Homogenität des Volkswillens zerstören.

Das identitäre Demokratiekonzept ist also antipluralistisch bzw. monistisch (monos [griech.] = allein, einzig, nur) und wird deshalb auch als monistisches Demokratiemodell bezeichnet.

Rousseau grenzt den Gemeinwillen ab von der Summe der Einzelwillen, die er Gesamtwillen *(volontée des tous)* nennt. Dieser Gesamtwille ist nur auf das jeweils eigene Interesse gerichtet, während ja der Gemeinwille auf das zielt, was für alle Staatsbürger das Beste ist. Rousseau lässt sich so interpretieren, dass die zur Beratung von Gesetzen versammelten Staatsbürger sowohl einen aktuell egoistischen wie einen auf das Gemeinwohl gerichteten Grundwillen in sich tragen. Im Verlauf der Beratungen werden die Privatinteressen sozusagen herausgefiltert. Wird bei der Beschlussfassung von der Summe der ganz unterschiedlichen Einzelwillen dasjenige abgezogen, das sich gegenseitig aufhebt, bleibt als Restsumme der allgemeine Wille übrig.

Rousseau erkannte durchaus, dass es schon zu seiner Zeit Bedingungen gab, die der praktischen Umsetzung seiner Theorien im Wege standen. Versammlungen aller stimmfähigen Bürger zur unmittelbaren Beratung und Beschlussfassung von Gesetzen durch das gesamte Volk waren zwar noch in Schweizer Landgemeinden möglich (deren Praxis ihm auch vor Augen stand), nicht aber in großen Flächenstaaten. Bei aller prinzipiellen Ablehnung der Repräsentation konnte er sich deshalb auch Abgeordnete des Volkes vorstellen, freilich nur mit einem sehr eingeschränkten Auftrag:

„Ich wiederhole also, dass die Souveränität nur der Vollzug des Gemeinwillens ist und niemals veräußert werden darf und dass der Souverän ein Kollektivwesen ist, das nur durch sich selbst dargestellt werden kann: man kann die Macht sehr wohl übertragen, den Willen aber nicht.

Die Souveränität kann aus dem gleichen Grund nicht vertreten werden, wie sie nicht veräußert werden kann. Sie besteht im Wesentlichen aus dem Gemeinwillen, und der Wille lässt sich nicht vertreten: entweder ist er selbst oder er ist es nicht. Dazwischen gibt es nichts. Abgeordnete des Volkes sind und können nicht seine Stellvertreter sein. Sie sind nur seine Beauftragten. Sie können nichts endgültig beschließen. Jedes Gesetz, das das Volk nicht selbst bestätigt hat, ist null und nichtig: es ist kein Gesetz" (Rousseau 1977: 84; 158).

Rousseau sah also die Abgeordneten als „Beauftragte" des Volkes, sozusagen als dessen „Boten", und erblickte im Repräsentationsprinzip einen Verstoß gegen die Idee der Volkssouveränität. Entsprechend gehört zum identitären Demokratieverständnis die Vorstellung vom imperativen Mandat, also die Auffassung, dass die Abgeordneten an die Aufträge und Weisungen der Wähler gebunden sind und jederzeit auch von ihren Wählern wieder abberufen werden können. Denn der Volkswille soll, so sieht es die Theorie vor, ungebrochen, ohne Zwischenschaltung von Vermittlungsinstanzen zur Geltung kommen („Direkte Demokratie"). Von den Beauftragten verabschiedete Gesetze bedürfen außerdem der Bestätigung durch ein Plebiszit, den Volksentscheid.

Rousseau ging es, als er seine Gedanken niederschrieb, um einen abstrakten philosophischen Entwurf, weniger um ein Modell für einen real existierenden Staat. Gleichwohl beeinflussten seine Überlegungen viele andere Theoretiker des politischen Denkens und lieferten ihnen das gedankliche Rüstzeug zur Weiterentwicklung des identitären Demokratiekonzepts. Unter Missachtung des auf die Freiheit aller Staatsbürger zielenden Grundsatzes bei Rousseau konnte dies auch in Krieg und Terror münden. Im „Gesellschaftsvertrag" ist z. B. an einer Stelle (II, 6) davon die Rede, dass das Volk zwar immer das Gute wolle, es dies aber von sich aus nicht immer sehen könne. Man müsse es deshalb aufklären, es auf den rechten Weg führen, den es suche. „Alle brauchen in gleicher Weise Leute, die ihnen den Weg weisen. Man muss die einen zwingen, ihren Willen nach der Vernunft zu richten; dem anderen muss man beibringen zu erkennen, was er will." Solche Aussagen können leicht Parteien oder quasi erleuchteten Führern zur Rechtfertigung dienen, die vorgeben, kraft schon vollkommener Einsicht von der Geschichte oder der „Vorsehung" zur Führung des noch unaufgeklärten Volkes auserwählt zu sein. Diktaturen können sich auf Passagen im „Gesellschaftsvertrag" berufen, wenn sie Gewaltenteilung und (Oppositions-)Parteien ablehnen, Minderheitsmeinungen unterdrücken und den Schutz vorstaatlicher, naturrechtlich begründeter Menschenrechte verweigern.

So wurden die Vorstellungen der Identitätstheorie sowohl von den Jakobinern in der Zeit der Französischen Revolution missbraucht, als sie mit blutiger Unterdrückung diejenigen bekämpften, deren Wille nicht in ihre Interpretation des Gemeinwillens passte. Und auch in späteren Regimen beriefen sich Machthaber auf die von Rousseau vorgegebene Rolle, Leuten den Weg zu weisen. All dies sind Anzeichen dafür, dass in Demokratien identitätstheoretischen Zuschnitts der Machtmissbrauch der politisch Herrschenden überhand nehmen kann.

Auch wenn Rousseaus Demokratietheorie in keinem

modernen Staat die direkte Vorlage für die Gestaltung des politischen Willensbildungs- und Entscheidungsprozesses ist, so hat sie doch das politische Denken und Handeln nachhaltig beeinflusst. So sind in einigen Ländern Volksabstimmungen über Gesetze nach einem entsprechenden Volksbegehren möglich oder auch in einzelnen Problembereichen obligatorisch. In den Kommunalverfassungen vieler Staaten sind direktdemokratische Partizipationen vorgesehen. Allerdings erfolgen hier Mehrheitsentscheidungen, also keine Einstimmigkeitsentscheidungen, und der nur schwer erfassbare Filter, der vom Gesamtwillen den Gemeinwillen extrahiert, ist ebenfalls nicht vorhanden.

Auf der anderen Seite bietet Rousseaus Theorie aber auch einen reichen Vorrat an Argumentationen zur Demokratiekritik in modernen Staaten. Periodisch wird auf den französischen Denker verwiesen, wenn es gilt, die „Volksferne" der Parlamentarier zu beklagen und das imperative Mandat einzufordern. Und auch der Verweis auf die unteilbare Souveränität des Volkes findet nicht selten Niederschlag in den Diskussionen um die Gestaltung der Demokratie.

2.3.3 Mills Vorstellungen der repräsentativen Demokratie

Die Souveränität des Volkes, die Herstellung von Gemeinwohl sowie die Verknüpfung der Interessen des einzelnen und der Interessen den Ganzen stehen im Zentrum von Rousseaus Demokratietheorie. Sie sind aber auch die Ziele und Werte der Überlegungen von John Stuart Mill – wobei dieser jedoch völlig andere Vorstellungen entwickelt, wie die politischen Strukturen auszusehen haben, um diese Ziele zu erreichen.

John Stuart Mill (1806–1873) zählt zu den bedeutendsten Vertretern des *philosophic radicalism,* einer politischen Denkschule des Liberalismus in England. Vor dem Hintergrund der sozialen, ökonomischen und politischen Lage entwickelten die *philosophic radicals* ihre Vorstellungen zur Ausgestaltung der Demokratie, zu dessen Kernelement John Stuart Mill das Parlament als Repräsentant des gesamten Volkes erklärte.

Die Rahmenbedingungen für die politische Diskussion unterschieden sich auf der europäischen Insel in weiten Bereichen von der Lage auf dem europäischen Festland:

- Die Industrialisierung war weiter fortgeschritten.
- Das besitzende Bürgertum hatte eine gefestigte Stellung gegenüber den alten Machthabern von Adel und Krone errichtet.
- Das englische Parlament, bestehend aus dem House of Lords (dem Oberhaus) und dem House of Commons (dem Unterhaus), war nach langjährigem Ringen zu einem wichtigen politischen Faktor gereift.
- Die Philosophie des Liberalismus, die die Autonomie des Individuums und die Gewährleistung seiner freien und umfassenden Entwicklung betont, fand eine breite Anhängerschaft.

Obwohl infolge der historischen Voraussetzungen einerseits und dem verbreiteten liberalen Denken die Bedingungen für eine weitere Demokratisierung recht gut waren, bestanden noch deutliche Unzulänglichkeiten: Die politische Beteiligung der unteren Bevölkerungsschichten war noch nicht gewährleistet und die soziale Lage der Arbeiterschaft war unter den Bedingungen des Kapitalismus prekär. Für Mill stellte sich deshalb die Frage, wie das politische System gestaltet werden kann und soll, um individuelle Freiheit, allgemeine politische Teilhabe und eine Gemeinwohl orientierte Regierung zu gewährleisten.

Mills Denken orientiert sich dabei an drei Ausgangspositionen, ohne die seine spezifischen Vorstellungen zur Demokratiegestaltung nicht verständlich sind:

a) Der Liberalismus in England hatte in der Mitte des 19. Jahrhunderts einen bedeutsamen Entwicklungsschritt vollzogen. Im Streben des Bürgertums nach ökonomischer Freiheit und politischer Partizipation hatten die Liberalen König und Adel wichtige Rechte abgetrotzt. Der dadurch gewonnene Machtzuwachs stellte die liberale Bürgerschaft jedoch vor große Herausforderungen. So galt es zum einen, die aus der ökonomischen Freiheit und der Industrialisierung erwachsenden sozialen Probleme der Arbeiterschaft zu mindern und politische Regelungen zu finden, mit regulierenden Eingriffen die Marktgesellschaft sozial zu gestalten. Zum anderen entfaltete der liberale Kerngedanke der Freiheit die Logik und Dynamik, dass diese Forderung nach Freiheit und Beteiligung nicht nur auf die Bürgerschaft begrenzt bleiben durfte, sondern auch die Nicht-Besitzenden umfassen müsste. Bei einer recht weit verbreiteten Zustimmung zur Ausweitung der politischen Teilhabe bestanden hingegen erhebliche Bedenken, ob die breite Gewährung von Mitentscheidungsrechten nicht dazu führen könnte, dass dann demokratische Mehrheiten entstünden, die allein auf die Verbesserung der Lage des Proletariats ausgerichtet seien und das Gemeinwohl letztlich schädigten, die individuelle ökonomische Freiheit der Besitzenden einschränkten und die freie ökonomische Interessenwahrnehmung begrenzten. Für Mill stellte sich deshalb die Frage, wie die politische Teilhabe möglichst aller gewährleistet werden kann und trotzdem das Gemeinwohl angestrebt wird.

b) Mill war stark von der Utilitarismustheorie beeinflusst. In dieser philosophischen Strömung wird „menschliches Handeln nicht nach den Motiven, sondern danach beurteilt, welche Folgewirkungen es hat. Utilitaristische Handlungen sind solche, die das Gesamtwohl einer Gesellschaft erhöhen, d.h. für alle (oder zumindest viele) Menschen mehr Nutzen schaffen bzw. deren Glück mehren" (Schubert/Klein 2016). Nützlich sind Handlungen, wenn ihr Ergebnis das *Glück* der Menschen ist. Dies bedeutet, dass alles individuelle und kollektive Handeln – und damit auch alle Ethik, Moral, Politik, Recht und Ökonomie – bestimmt wird (und auch unter dem Maßstab der allgemeinen Nutzenorientierung gemessen werden kann) durch die Realisierung von Glück als Erlangung von Freude oder Vermeidung von Leid. Jeremy Bentham (1998: ii) brachte den Utilitarismus-Gedanken auf die Kurzformel: *„the greatest happiness of the* *greatest number"*. Hiermit zeigte er auch auf, dass individuelles Glück und das Gesamtwohl der Gemeinschaft zusammen gehören – und zwar auf doppelte Weise: Die Summe des von den Individuen erstrebten Glücks ergibt einerseits den Grad des Gemeinschaftsglücks, aber ohne einen Gesamtnutzen verschlechtern sich andererseits die Bedingungen für die Erreichung persönlichen Glücks. Die Utilitaristen übersehen nicht, dass die Einzelinteressen auch konflikthaft zueinander stehen können und dass es deshalb nötig ist, einen befriedigenden Ausgleich zwischen diesen Interessen herzustellen. Dies sei die Aufgabe der Politik, die sie aber nur in einer demokratischen Staatsform erfüllen könne. In der Demokratie würden die Interessen aller zum Ausdruck kommen und dann ausgeglichen werden können. Da die Politik in der Demokratie sich nicht allein auf die Interessen einer Bevölkerungsgruppe beziehen könne, würde die Chance auf „the greatest happiness of the greatest number" vergrößert. Benthams Utilitarismustheorie fand nicht nur großen Widerhall im politischen Denken, sondern beeinflusste besonders stark auch die Vorstellungen von Recht und Strafe sowie die liberale politische Ökonomie (vgl. Duchesneau 1975: 118 f.).

Die Grundannahme der Utilitaristen, dass der wesentliche Nutzen die Erreichung von Glück ist, führt zu einigen Schlussfolgerungen, die sich auch in den modernen Staaten mit demokratischen Systemen wieder finden:

- Damit die Menschen erkennen und vernünftig ermessen können, was ihr Nutzen und Glück denn sei, bedarf es einer allgemeinen Bildung. Nur so ist es zu

erreichen, dass sie sich nicht verschätzen und Glück zwar anstreben, jedoch für sich oder andere Leid schaffen. – In die heutige Zeit übertragen ist dies die Forderung nach allgemeiner, aber auch politischer Bildung.
- Die Menschen benötigen für ihr Streben nach Nutzen und Glück verlässliche Rahmenbedingungen und berechenbare (politisch-administrative) Institutionen. Zu diesen Rahmenbedingungen zählen vorrangig allgemein gültige Gesetze. Ferner sollen die Institutionen, und hier insbesondere das Rechtswesen, das Parlament und die Regierung, ihre Aufgabe darin sehen, der gesellschaftlichen Nutzenmaximierung zu dienen.

Mill selbst benennt diese Voraussetzungen für die Entfaltung von Individualismus, Liberalität, Tugend und Ethos wie folgt:

„Erstens, dass Gesetze und gesellschaftliche Verhältnisse das Glück oder – wie man es in der Praxis auch nennen kann – die Interessen jedes einzelnen soweit wie möglich mit dem Interesse des Ganzen in Übereinstimmung bringen; und zweitens, dass Erziehung und öffentliche Meinung, die einen so gewaltigen Einfluss auf die menschlichen Gesinnungen haben, diesen Einfluss dazu verwenden, in der Seele jedes einzelnen eine unauflösliche gedankliche Verknüpfung herzustellen zwischen dem eigenen Glück und dem Wohl des Ganzen und insbesondere zwischen dem eigenen Glück und der Gewohnheit, so zu handeln, wie es die Rücksicht auf das allgemeine Glück gebietet; so dass er nicht nur unfähig wird, die Möglichkeit eines Glücks für sich selbst mit einer Handlungsweise, die dem Gemeinwohl zuwider ist, zusammen zu denken, sondern auch so, dass ein unmittelbares Motiv für die Förderung des allgemeinen Wohls in jedem einzelnen einer der gewohnheitsmäßigen Handlungsantriebe wird (Mill 1985: 30 f.).

Das Streben nach individuellem Glück soll eingebettet sein in das Bewusstsein vom Gesamtnutzen – und damit dies gelingt, wird es von innen über Bildung und Gemeinschaftsgefühl *(social feelings)* gesteuert und von außen über Recht und Moral geführt.

c) Mill rezipierte Alexis de Tocquevilles Analysen zur amerikanischen Demokratie. Tocqueville hatte 1831/32 im Auftrag des französischen Justizministeriums die USA bereist und sich dabei einerseits auftragsgemäß mit dem amerikanischen Gefängniswesen befasst, aber weiterhin die Gestaltung der Demokratie in den USA beobachtet. Sein zweibändiges Werk „Über die Demokratie in Amerika", 1835 und 1840 erschienen, ist ein Vergleich der politischen Gestaltung in der Neuen Welt mit den Bedingungen in Frankreich. Ein wesentlicher Kritikpunkt Tocquevilles an der amerikanischen Demokratie betrifft die ungezügelte Orientierung an der Mehrheitsentscheidung. Entsprechend des Gleichheitsprinzips und aufbauend auf die Vorstellung der individuellen Freiheit würden in den USA die politischen Entscheidungen in Abstimmungen gefällt, bei denen die Mehrheit den Ausschlag gibt. Dem Willen der Mehrheit stünden aber keine, z. B. institutionellen Gegengewichte gegenüber, so dass sich eine „demokratische Tyrannei" – oder an anderer Stelle: die „Tyrannei der Mehrheit" – entwickeln könnte, die Minderheiten benachteilige und Ungerechtigkeiten ermögliche:

„Erfährt in den Vereinigten Staaten ein Mensch oder eine Partei eine Ungerechtigkeit, an wen sollen sie sich wenden? An die öffentliche Meinung? Gerade sie bildet die Mehrheit. An die gesetzgebende Gewalt? Sie repräsentiert die Mehrheit und gehorcht ihr blind. An die ausführende Gewalt? Sie wird von der Mehrheit ernannt und ist deren gehorsames Werkzeug. An das Militär? Das Militär ist lediglich die bewaffnete Mehrheit. An die Geschworenen? Das Geschworenenkollegium ist die Mehrheit mit dem Recht, Urteile zu fällen: in manchen Staaten werden die Richter sogar von der Mehrheit gewählt. Wie ungerecht und unvernünftig die Maßnahme auch ist, die uns trifft, wir müssen uns ihr also fügen" (Tocqueville 1985: 147 f.).

Tocquevilles Kritik, die Aristoteles' Vorbehalte gegen die radikale Demokratie wieder aufnimmt, wird für Mills Überlegungen prägend. Seine Vorstellungen von Demokratie richten sich deshalb darauf, die „Tyrannei der Mehrheit" zu verhindern. Die Demokratie dürfe nicht nur Schutz bieten vor der Tyrannei der Inhaber hoher Staatsämter, „es bedarf des Schutzes auch gegen die Tyrannei der vorherrschenden Meinung und des vorherrschenden Gefühls; gegen die Tendenz der Gesellschaft, durch andere Mittel als bürgerliche Strafen ihre eigenen Ideen und Praktiken als Verhaltensregeln denen aufzuzwingen, die von ihnen abweichen" (Mill 1969: 11).

Die repräsentative Demokratie bietet nach Mills Vorstellungen die besten Voraussetzungen, um in den fortgeschrittenen Gesellschaften Politik zu gestalten, die verschiedenen Interessen zum ‚größten Glück' zu berücksichtigen und die Gefährdungen einer Tyrannei der Mehrheit zu vermeiden. Das ganze Volk – und hierbei schließt Mill entgegen aller bisheriger Konvention die Frauen ausdrücklich mit ein! – soll an der politischen Willensbildung und an der Kontrolle der Politik beteiligt werden. Jeder soll Beteiligungsrechte haben und für seine Interessen eintreten dürfen. Niemand dürfe von der Beteiligung an der allgemeinen Entwicklung ausgeschlossen werden. Um dies aber auch praktisch zu ermöglichen, sei ein Repräsentationssystem zu installieren, aus dem ein Parlament entstehe, das die oberste Gewalt ausübt und jede Regierungshandlung nach Belieben kontrolliert. Das Parlament steht im Zentrum der repräsentativen Demokratie,

„in der alle und nicht nur die Mehrheit vertreten sind, in der die Interessen, Meinungen und Intelligenzgrade, die zahlenmäßig unterlegen sind, dennoch gehört werden und Aussicht haben, aufgrund der Überzeugungskraft von Argumenten und des Ansehens der sie vertretenden Persönlichkeiten Einfluss zu erlangen, den sie ihrer nummerischen Stärke nach nicht beanspruchen könnten – eine solche Demokratie, die allein gleich, allein unparteiisch, allein die Regierung aller durch alle und die einzig wahre Form von Demokratie ist" (Mill 1971: 143).

Das Parlament soll einen Querschnitt aller Intelligenz-,

Einkommens- und Standesschichten des Volkes abbilden, ohne dabei ein nummerisches Abbild der Bevölkerung oder Spiegelbild seiner Meinungen zu sein. Aber dadurch, dass grundsätzlich alle Interessen und Bedürfnisse im Parlament vertreten sind, ergibt sich die Chance, dass hier ein Ort der freien kontroversen Diskussion besteht und dass Vernunftargumente gehört werden. Und gerade hier liegt die Hauptaufgabe des Parlaments: im Austausch über Sichtweisen, in der Auseinandersetzung um die beste Problemlösung, in der Debatte über den adäquaten Weg. Dies alles könne das Parlament leisten. Es stößt jedoch an seine Grenzen, wenn es über Regierungsangelegenheiten entscheiden wolle und auch mit der speziellen Gesetzgebung sei es überfordert. Hierfür soll das Parlament fachkundige Experten und kompetente Kommissionen einsetzen – und deren Wirken kontrollieren. Mill plädiert somit für eine Demokratie mit Expertenlenkung.

Mill fordert ein klares Verhältniswahlrecht, das dem Mehrheitsprinzip entgegensteht und die Mehrheitstyrannei verhindern soll. Für direkte Wahlen (entgegen dem US-amerikanischen Modell der Wahlmänner) und für öffentliche Stimmabgaben konzipiert Mill ein Repräsentativmodell, das Transparenz und Partizipation in den Mittelpunkt rückt. Die Mitglieder des Parlaments sind an kein imperatives Mandat gebunden, damit die vernunftbezogene, diskursive Auseinandersetzung ermöglicht wird.

In vielen Punkten entwirft Mill eine politische Ordnung, die stark mit bisherigen Konzepten kontrastiert:

- anders als Montesquieu trennt er nicht die Gewalten und weist dem Parlament nicht die Legislativkompetenz zu, sondern er stellt das Parlament als Diskussionsforum dar, aus dessen (eher allgemeiner) Willensbildung Fachkommissionen Gesetze formulieren, die dann von der Experten-Regierung umgesetzt werden sollen,
- anders als bei Rousseau sind die Repräsentanten nicht an ein imperatives Mandat gebunden,
- anders als in der damals gängigen Praxis bevorzugt er das Verhältniswahlsystem vor dem Mehrheitsprinzip.

Eine weitere wichtige Besonderheit in Mills Vorstellung der repräsentativen Demokratie ist – im Widerspruch zu seinem Mentor Bentham – die Absage an das Gleichheitsprinzip. Einerseits geht Mill weit über die bisherigen politischen Ausgrenzungen von Frauen und der Arbeiterklasse hinaus, indem er deren Einbeziehung nachdrücklich fordert. Andererseits stellt er aber eine andere Hürde auf. Die politische Partizipation soll von der Bildung abhängig werden. Wer nicht über genügend Bildung verfüge, könne auch nicht kompetent entscheiden. Die Mindestvoraussetzung zur Wahlteilnahme sei die Fähigkeit lesen, schreiben und rechnen zu können. Und auch dann gelte zwar das allgemeine Stimmrecht, aber nicht zwingend das gleiche Stimmrecht. Um die geistig-sittliche Entwicklung zu fördern, sollten die Gebildeteren stärkeren Einfluss gewinnen, ohne jedoch die weniger Gebildeten majorisieren zu können. Mill stellte sich deshalb ein Pluralstimmrecht vor, bei dem die einfach Gebildeten eine Stimme haben, besser Ausgebildete jedoch über zwei oder mehr Stimmen verfügen können. Nicht ganz zu Unrecht wird Mill vorgeworfen, mit dieser Idee die Klassengrenzen im politischen Bereich doch nicht aufgehoben zu haben und die arbeitende Bevölkerung vom Wahlrecht faktisch auszuschließen.

Mills Vorstellungen von der repräsentativen Demokratie sind unauflöslich mit den Geistesströmungen sowie den politischen und ökonomischen Bedingungen im Großbritannien des 19. Jahrhunderts verbunden, so dass manche Kritik an dem Konzept (vgl. Schmidt 2010: 142 ff.) zwar einerseits richtig, ohne Berücksichtigung der damaligen Bedingungen aber nicht immer gerechtfertigt ist. Bis in die heutige Zeit beachtlich ist jedoch Mills Plädoyer für das Frauenwahlrecht, für die Betonung des politischen Diskurses im Parlament, für die Hervorhebung des Expertenwissens in Regierung und Administration sowie seine Forderung nach allgemeiner und politischer Bildung als Voraussetzung für „wahre" Demokratie.

Zum Nach- und Weiterdenken

Wer mag es gesagt haben? Rousseau, Mill oder Montesquieu?

a) „Die politische Freiheit des Bürgers ist jene Ruhe des Gemüts, die aus dem Vertrauen erwächst, das ein jeder zu seiner Sicherheit hat. Damit man diese Freiheit hat, muß die Regierung so eingerichtet sein, daß ein Bürger den anderen nicht zu fürchten braucht. Wenn in derselben Person oder der gleichen obrigkeitlichen Körperschaft die gesetzgebende Gewalt mit der vollziehenden vereinigt ist, gibt es keine Freiheit; denn es steht zu befürchten, daß derselbe

Monarch oder derselbe Senat tyrannische Gesetze macht, um sie tyrannisch zu vollziehen."

b) „Ich schließe dieses Kapitel und dieses Buch mit einer Bemerkung, die jedem gesellschaftlichen Plane als Grundlage dienen muß: der Grundvertrag hebt nicht etwa die natürliche Gleichheit auf, sondern setzt im Gegenteil an die Stelle der physischen Ungleichheit, die die Natur unter den Menschen hätte hervorrufen können, eine sittliche und gesetzliche Gleichheit, so daß die Menschen, wenn sie auch an körperlicher und geistiger Kraft ungleich sein können, durch Übereinkunft und Recht alle gleich werden"

c) „Dabei wurde bemerkt, dass solche Ausdrücke wie ‚Selbstregierung' und ‚die Macht des Volkes über sich selbst' nicht der wahren Lage der Dinge entsprechen. Das Volk, welches die Macht ausübt, ist nicht immer dasselbe Volk wie das über welches sie ausgeübt wird, und eine ‚Selbstregierung' von der geredet wird, ist nicht die Regierung jedes einzelnen über sich selbst, sondern jedes Einzelnen durch alle Übrigen. Überdies bedeutet der Wille des Volkes praktisch den Willen des zahlreichsten oder des aktivsten seiner Teiler, nämlich der Mehrheit oder derjenigen, denen es gelingt, sich als die Mehrheit anerkennen zu lassen."

Woran machen Sie Ihre Zuordnung fest (Auflösung am Ende dieses Kapitels)?

2.4 Impulse der US-amerikanischen Demokratie und der Französischen Revolution

Bei der Betrachtung von Demokratie und Demokratietheorie stehen häufig die europäischen Theoretiker wie Montesquieu, Rousseau, Locke oder Mill im Vordergrund. Vielfach nicht ausreichend beachtet werden dabei bedeutsame Demokratieimpulse aus den USA und die Auswirkungen der französischen Revolution. Wichtig sind zum einen die Herausbildung einer demokratischen politischen Kultur, also die im historischen Prozess entwickelte Haltung der Bürger zu politischer Partizipation und zur Unterstützung des demokratischen Systems, und zum anderen die demokratietheoretischen Beiträge über Macht und Gewaltenteilung, wie sie in den bekannten „Federalist Papers" vorliegen.

2.4.1 Die Federalist Papers

Die Erklärung der Unabhängigkeit von dreizehn englischen Kolonien im Jahr 1776 war ein Höhepunkt eines schon mehr als zehn Jahre währenden Revolutionsprozesses, der zum Teil ökonomische, im Wesentlichen jedoch ideologische Ursachen hatte. An das Erlangen der Unabhängigkeit schloss sich die Frage an, wie die staatliche Ordnung der nun freien Staaten ausgestaltet werden sollte. In einem heftigen politischen und im amerikanischen Bürgerkrieg später auch militärisch ausgetragenen Streit ging es darum zu entscheiden, ob die dreizehn ehemaligen Kolonien unter Beibehaltung großer Souveränitätsrechte in einem Staatenbund (Konföderation) zusammenarbeiten sollten oder ob in der Form des Bundesstaates (Föderation) ein mit weitreichenden politischen und administrativen Kompetenzen ausgestatteter Bund gegründet werden sollte. Dass schließlich das Bundesstaatsmodell umgesetzt wurde und es zur Gründung

2 Vorläufer der modernen Demokratie

der USA kam, ist bekannt. Einen nicht unerheblichen Anteil an der Willensbildung, die zu dieser Entscheidung führte, hatten die Federalist Papers, die einerseits eine parteiische Position der Föderierten darstellen aber andererseits auch ein staats- und demokratietheoretisches Konzept formulieren, von dem einige Elemente heute zum Allgemeingut vieler Demokratien zählen.

Die Federalist Papers erschienen zwischen Herbst 1787 und Frühjahr 1788 als 85 Artikel in New Yorker Zeitungen. Alexander Hamilton, der spätere US-Präsident James Madison und John Jay veröffentlichten in diesen ihre Vorstellungen zur künftigen Staatsordnung. Sie erteilten in den Federalist Papers der direkten Demokratie und der Konföderation eine Absage und entwarfen das Modell einer repräsentativdemokratischen, bundesstaatlichen, republikanischen und verfassungsstaatlichen Ordnung.

Ziel war es, eine Verfassung zu entwerfen und in ihr ein demokratisches Regelwerk zu entwickeln, dass die Wirkung politischer Leidenschaft minimieren und die Vernunft fördern sollte. Mit dieser Orientierung schlossen sie die Versammlungsdemokratie aus, die in ihren Augen die Gefahr unkluger Entscheidungen und daraus entstehender politischer Instabilität barg, und setzten auf ein Repräsentationssystem, von dem sie hofften, dass fachlich kompetente Volksvertreter in zielgerichteter Auseinandersetzung politisch vernünftige Entscheidungen fällen würden. Das Repräsentationssystem sollte in einem Zwei-Kammer-Prinzip organisiert werden, bei dem die eine Kammer, der Senat, die gliedstaatliche Ordnung widerspiegeln und die andere Kammer, das

Repräsentantenhaus, als Vertretung der gesamten Bürgerschaft gelten sollte.

Unter Berücksichtigung Montesquieus Gewaltenteilungslehre setzten Hamilton, Madison und Jay auf ein System der *„checks and balances"*. Sowohl durch die Machtverteilung und -verschränkung auf der horizontalen Ebene des Bundes zwischen der Exekutive, der Legislative und Judikative als auch durch die Aufgabenverteilung zwischen Bund und Gliedstaaten sollte erreicht werden, dass mit Hemmungen und Gegengewichten Machtmissbrauch und Tyrannei ausgeschlossen würden. Trotz dieses Bekenntnisses zur Machtkontrolle und zum Machtgegengewicht wurde ein Präsidialsystem entworfen, das den Präsidenten als Exekutive mit starken Kompetenzen ausstattet – wobei sich Madison und Hamilton in ihren Beiträgen über das Ausmaß dieser nicht ganz einig waren.

Eine besondere Stärke zeigen die Federalist Papers in der theoretischen Auseinandersetzung mit und der Konzeption von zwei bislang wenig beachteten Elementen der modernen Demokratie. Dies ist einerseits der Föderalismus, bei dem sie in einer gleichermaßen gesamtstaatlichen wie auch gliedstaatlichen Staatsorganisation wichtige und eigenständige Aufgaben den einzelnen Staaten überlassen und aber andererseits den Bund stark sein lassen wollten. Zum zweiten setzten die Autoren in Antizipation von Konflikten zwischen den exekutiven und legislativen Gewalten sowie zwischen Bund und Gliedstaaten auf eine unabhängige Judikative. Ein den Verfassungsprinzipien verpflichteter Oberster Gerichtshof *(Supreme Court),* dessen Richter nicht vom Volk gewählt werden und demnach auch nicht einer Mehrheit verpflichtet sind, soll Schiedsrichteraufgaben bei Organkonflikten übernehmen und im Rahmen der Normenkontrolle die Gesetzgebung überwachen (vgl. Schmidt 2010: 102 ff.; Zehnpfennig 2007).

Insgesamt entwerfen Hamilton, Madison und Jay eine Staatsorganisation, die mit ihren Strukturprinzipien die erste moderne Demokratie gestaltet. Dass dabei die Demokratie insbesondere als Staatsform im Fokus steht und eher technokratisch diskutiert, also die staatliche Gewalt konzipiert wird, und die demokratische Partizipation deutlich unterbelichtet bleibt, wird von einigen Kritikern bemängelt. Doch macht gerade diese Schwerpunktsetzung die Interessen und die politische Position der drei Autoren kenntlich.

Können die Federalist Papers als erstes politisch und juristisch unterfüttertes Konzept der Demokratie in Großstaaten gewertet werden, so ist Alexis de Tocquevilles Werk „De la Démocratie en Amérique" (Band 1 – 1835, Band 2 – 1840) als die erste politikwissenschaftliche Studie der modernen Massendemokratie anzusehen. In umfassender theoretischer Analyse der empirisch erfassten Demokratie in den USA untersucht der Jurist teilweise im wissenschaftlichen Vergleich und unter Berücksichtigung der sozialen und historischen Rahmenbedingungen die Vorzüge und Nachteile der jungen Demokratie in den USA.

Schmidt (2010: 117 ff.) hebt aus den positiven Wertungen Tocquevilles als wichtige Merkmale insbesondere die Aspekte hervor, die von Hamilton, Madison und Jay bereits in den Federalist Papers als antizipierte Vorzüge bedacht wurden. Unter Vermeidung der Risiken, die durch Zentralismus gefördert werden, verfüge die Demokratie amerikanischer Art über eine hohe Fehlerkorrekturfähigkeit. Die relativ kurzen Wahlperioden böten die Chance, missratene Gesetze zu widerrufen. Und die institutionellen Sicherungen der *checks and balances* verhinderten die Verselbständigung der politischen Führung. Ferner zeichne sich die amerikanische Demokratie dadurch aus, dass sie nicht wie die Aristokratie die Vorteile der führenden Schicht und nicht wie die Ochlokratie (Herrschaft durch den Pöbel) die Interessen der Armen verfolge, sondern dem „Wohlergehen der großen Zahl" (Tocqueville 1976: 269) diene. Dies fördere die wirtschaftliche Entwicklung und die politische Stabilität der USA sowie den Wohlstand seiner Bürger. In Verbindung mit den bürgerschaftlichen Teilhaberechten werden so die Voraussetzungen für die Stärkung des Bürgergeistes, die Anerkennung des Rechts und die Achtung der Gesetze geschaffen.

Die Schwächen der Demokratie sah Tocqueville insbesondere in den Bereichen der Führungsauslese und einer schleichenden aber stetigen Erweiterung der Staatsaufgaben und Staatsausgaben. Im Bereich der Führungsauslese kritisierte er einen noch heute oft bemängelten Aspekt, dass es für hervorragende Persönlichkeiten nicht attraktiv genug sei, in die Politik zu wechseln und, dass die kurzen Wahlperioden und damit verbundenen Fluktuationen in vielen Ämtern die Gestaltungsfähigkeit der Amtsinhaber behindere und Unselbständigkeit erzeuge. Eine Ausweitung der Staatsaufgaben und Staatsausgaben ergäben sich aus Streben, wiedergewählt zu werden.

Durch Zuwendungen und Leistungen werde das Wohlwollen des Volkes erkauft und die Zustimmung verschiedenster gesellschaftlicher Gruppen eingeworben.

Den größten Mangel der Demokratie in Amerika erkannte Tocqueville jedoch in dem bereits in Kapitel 2.3.3 angesprochenen Konflikt zwischen Gleichheit und Freiheit, zwischen demokratischer Freiheit und tyrannischer Demokratie. Das Strukturprinzip des Regierens der nummerischen Mehrheit im Namen des Volkes impliziert die Gefahr eines „Despotismus der Mehrheit", gegen die das politische System keine Sicherungen vorhalte. Wenn entsprechend des Gleichheitsprinzips alle wählen dürfen und entsprechend des Mehrheitsprinzips deren Entscheidung gilt, so seien die Minderheiten in der Gefahr unterdrückt, ausgegrenzt, ja vielleicht sogar verfolgt und physisch liquidiert zu werden. Ein unzureichender Schutz der Minderheiten lähme – so Tocqueville (ebd.: 299) – das geistige Leben, hemme große Charaktere an der Entfaltung, unterhöhle mutige Aufrichtigkeit und mannhafte Unabhängigkeit. Das Mehrheitsprinzip entfalte erheblichen Anpassungsdruck und fördere die Gleichmacherei. Insgesamt werde dadurch die Freiheit des Einzelnen eingeschränkt, da die individuelle Lebensgestaltung dem Mehrheitswillen untergeordnet werde.

2.4.2 Auswirkungen der Französischen Revolution

Zu vielfältig sind die Wirkungen der Französischen Revolution, um ihre Bedeutung für die weitere politische und ideengeschichtliche Entwicklung in ganz Europa in diesem Band auch nur zu skizzieren. Doch zu banal wäre auch der lediglich Hinweis, dass diese Revolution nachhaltige Wirkung entfaltet hätte. Die zeitliche Parallelität von Französischer Revolution, Aufklärung und Industrialisierung am Ende des 18. und Anfang des 19. Jahrhunderts schuf Rahmenbedingungen für eine umfassende Umwälzung in allen gesellschaftlichen Bereichen. In hoch komplexen Wechselwirkungen, gegenseitigen Befruchtungen, aber auch kontrovers verlaufenden Prozessen lösen die geistige, die wirtschaftliche und die politisch-soziale Revolution vielfältige Suchbewegungen aus, die darauf gerichtet sind, für die nach-absolutistische Zeit eine neue, vernünftige und tragfähige Ordnung zu gestalten. Durch das gesamte 19. und bis weit hinein ins 20. Jahrhundert zieht sich die politische und politisch-philosophische Diskussion, deren Ursprünge in der Revolution von 1789 liegen.

Die Ursachen der Französischen Revolution lagen in der unterschiedlich und von vielen als ungerecht empfundenen Verteilung von wirtschaftlicher und politischer Macht. Der französische König und die Stände des Adels und des Klerus verfügten über die Macht, während das Bürgertum als so genannter Dritter Stand vom politischen Geschäft weitestgehend ausgeschlossen waren.

Zunächst bestand die Absicht, die neue Ordnung zusammen mit der Krone herzustellen. Unter dem Eindruck der US-amerikanischen Unabhängigkeits- und Verfassungsdiskussion wurden die drei Prinzipien *liberté* (Freiheit des Einzelnen), *égalité* (Gleichheit der Bürger vor dem Gesetz) und *fraternité* (Brüderlichkeit aller Menschen) in der Präambel der Verfassung von 1791 verankert. Noch schwieriger als die Diskussion um die Bürgerrechte verlief die Auseinandersetzung um die Machtverteilung zwischen der Nationalversammlung und dem Monarchen. Zwar gab der König Macht an die Nationalversammlung ab, setzte jedoch ein suspensives Veto gegen Beschlüsse der Legislative durch. Wenn dies zunächst dem Machterhalt des Königs dienen sollte, so trug es letztlich zu einem Vertrauensverlust in der Bevölkerung bei, der schließlich die Absetzung des Königs und den Übergang der zuvor geschaffenen konstitutionellen Monarchie zur Republik nach sich zog.

Ohne auf die heftigen Umbrüche in den nachfolgenden Jahren einzugehen, die geprägt waren vom Terror der Jakobiner, von Revolutionsgewalt, Aufständen der Royalisten und schließlich von der die verfassungsmäßige Gewaltenteilung aufhebenden Machtübernahme Napoleons, bleibt hervorzuheben, dass die Revolution die Vorherrschaft von König und Adel beendete, dass die Souveränität auf das Volk überging (wobei dies angesichts der Revolutionswirren unter Vorbehalt zu sehen ist) und dass die politische Struktur in der Nationalversammlung zur Herausbildung von Frühformen politischer Parteien beitrug. Frankreich war zumindest in Ansätzen die erste nationalstaatliche Republik und schuf damit – neben Amerika – ein Vorbild für die Ausgestaltung der Nationalstaaten, die im 20. Jahrhundert fast zur Standardform von Staatlichkeit wurde.

Die durch die US-amerikanische Demokratie, die Französische Revolution, die Aufklärung und die Industrialisierung ausgelöste neue Lage in Europa erforderte die theoretische wie auch die politisch-praktische Auseinandersetzung, deren Bedeutung bis ins 21. Jahrhunderte reicht. Sowohl die unterschiedlichen demokratischen Staatskonzepte, die heute vorzufinden sind, als auch wesentliche (partei-)politische Ideologien und Gesellschaftsbilder sind im 19. Jahrhundert in wichtigen Zügen vor- und angedacht, theoretisch unterfüttert und kritisch betrachtet worden. Und so ermöglicht auch heute der Blick in die alten Originalquellen (bzw. die neu herausgegebenen, redigierten und kommentierten Neuauflagen oder Sammelbände wie Massing et al. 2011) ein besseres Verständnis aktueller Diskussionen.

> **Zum Nach- und Weiterdenken**
>
> Was meinen die Autoren der Federalist Papers mit dem Begriff „checks and balances" und wie sollen sie staatsorganisatorisch umgesetzt werden?
>
> Welche Bedenken hatte Alexis de Tocqueville gegenüber dem Mehrheitsprinzip der amerikanischen Demokratie? Gelten diese auch im politischen System Deutschlands?

Literatur zum Weiterlesen und Vertiefen:

➡ Grieb, Volker (2008): Hellenistische Demokratie: politische Organisation und Struktur in freien griechischen Poleis nach Alexander dem Großen. Wiesbaden: Franz Steiner Verlag.
➡ Pfetsch, Frank R. (2012): Theoretiker der Politik. Von Platon bis Habermas. Baden-Baden: Nomos.
➡ Massing, Peter, Gotthard Breit und Hubertus Buchstein (Hg.) (⁸2011): Demokratie-Theorien. Von der Antike bis zur Gegenwart. Schwalbach/Ts.

Auflösung „Zum Nach- und Weiterdenken", Kapitel 2.3:

a) Charles de Montesquieu: Vom Geist der Gesetze. Übersetzt und hgg. von Ernst Forsthoff, Tübingen 1992, Buch XI, Kap. 9., Abdruck in: Herfried Münkler und Marcus Llanque: Politische Theorie und Ideengeschichte. Lehr- und Textbuch. Berlin: Akademie Verlag, S. 270.

b) Jean Jacques Rousseau. Der Gesellschaftsvertrag. Abdruck in: Rudolf Weber-Fas (2003): Staatsdenker der Moderne. Klassikertexte von Machiavelli bis Max Weber. Tübingen: Mohr UTB, S. 173.

c) John S. Mill (2010): Über die Freiheit. Stuttgart: Reclam, S. 11.

3

Demokratie heute

In diesem Kapitel zur heutigen Demokratie lernen Sie verschiedene Merkmale und Gestaltungsformen sowie die jeweiligen Funktionen kennen, die diese in der Demokratie erfüllen. Es werden Demokratiekriterien, wie Volkssouveränität, bürgerschaftliche Partizipation, Pluralismus, Macht- und Herrschaftsbegrenzung sowie Rechts- und Sozialstaatlichkeit erklärt (Kapitel 3.1).

Ein Überblick über die wichtigsten Demokratietheorien wird ausgehend von konservativen, liberalen, sozialdemokratischen, deliberativen und partizipativen Demokratietheorien gewonnen (Kapitel 3.2).

Demokratien unterscheiden sich durch ihre vielfältigen Staats- und Regierungsformen. Unterscheidungen der direkten und repräsentativen Demokratie, des parlamentarischen und des präsidentiellen Systems, sowie von Kon-

kurrenz- und Konkordanzdemokratie werden erläutert (Kapitel 3.3).

Um das Funktionieren des deutschen demokratischen Systems zu verstehen, ist es notwendig, die zentralen Akteure und Prozesse, welche zwischen diesen verlaufen, zu verstehen. Diese werden im letzten Teil des Kapitels, unterteilt in die Teilbereiche Bürger, Parteien, organisierte Interessen, Regierung und Verwaltung und politische Kommunikation, erklärt (Kapitel 3.4).

Wenn heute der Blick auf die politische Weltkarte geworfen und ein Vergleich zur politischen Situation vor 100 Jahren gezogen wird, so fällt auf, dass nicht nur die Zahl an Staaten insgesamt beträchtlich zugenommen hat, sondern dass auch die Menge an Demokratien sowohl absolut als auch relativ beträchtlich wuchs (vgl. Merkel 2010: 491 f.). Deutschland vollzog den Wandel vom Kaiserreich über die fragile Demokratie der Weimarer Republik und den nationalsozialistischen Führerstaat hin zur Deutschen Demokratischen Republik, deren demokratischer Charakter mehr als zweifelhaft war, und zur Bundesrepublik Deutschland. In West- und Osteuropa, in Asien, Lateinamerika und Afrika vollzog sich binnen eines Jahrhunderts ein Demokratisierungsprozess, der andere, z. B. totalitäre und autoritäre Staatsformen ablöste. Aber nicht überall sind aus den ehemals sozialistischen Republiken, von Militärjuntas beherrschten, von gekrönten Häuptern regierten, von traditional oder religiös legitimierten Machthabern sowie von charismatischen Persönlichkeiten geführten Staaten wirklich funktionierende Demokratien entstanden. Aber woran lässt sich (er)messen, ob ein politisches System, das sich selbst Demokratie nennt, auch wirklich eines ist?

Zum anderen wird beim Blick auf die politische Weltkarte deutlich, dass es auch bei den funktionierenden Demokratien eine Vielzahl an Regierungsformen gibt, die zwar zu Recht den Titel Demokratie führen, jedoch äußerst unterschiedlich organisiert sind. So ergibt sich die Frage, was diese Staaten als Demokratien auszeichnet und wie sich die verschiedenen Systemansätze kategorisieren und typologisieren lassen.

Mit diesen Fragen sollen sich die folgenden Ausführungen befassen und es wird deutlich werden, dass „Demokratie" ein relativ diffuser Begriff für die Organisation politischer Gemeinwesen ist, der einerseits auf recht eindeutigen Merkmalen aufbaut, jedoch sehr heterogene Gestaltungsmuster ermöglicht. Diese Unterschiedlichkeiten beruhen auf der legitimen und sehr sinnvollen Berücksichtigung politisch-sozialer Traditionen, verschiedener politischer Kulturen und den Erkenntnissen von spezifischen regionalen respektive nationalen Problemlagen und Rahmenbedingungen.

3.1 Demokratiekriterien

Es können einige wesentliche Kriterien für die Feststellung der Demokratieeigenschaft eines Staatswesens festgestellt werden. Wichtig bei der Betrachtung dieser Merkmale ist die Frage, *ob* sie in den jeweiligen Demokratien vorkommen, wobei es – wie angedeutet – durchaus unterschiedliche Gestaltungen des *Wie* geben kann. Dabei gilt es aber auch immer wieder zu überprüfen, ob diese Kriterien – in welcher Form auch immer – nur als Idee bzw. politisches respektive verfassungsrechtliches Formalversprechen bestehen oder ob sie eine gelebte politische Realität darstellen. Beispiele dafür, dass die formalen Demokratiekriterien bestanden bzw. bestehen, sie jedoch nicht die Verfassungswirklichkeit repräsentieren, gibt es genug. Sowohl in den Verfassungen der Ende des 20. Jahrhunderts untergegangenen realsozialistischen, aber auch in vielen anderen Verfassungen de facto nichtdemokratischer Staaten fanden sich Formulierungen, die auf eine Demokratie hätten schließen lassen. Und auch heute bestehen in verschiedenen Staaten, die den Transitions- und Transformationsprozess der Demokratisierung vollziehen, noch vielfältige Soll-Ist-Differenzen, die verdeutlichen, wie wichtig es ist, die Umsetzung und Verwirklichung der Kriterien zu überprüfen.

3.1.1 Volkssouveränität

Abraham Lincoln (1809–1865) formulierte in seiner am 19.11.1863 als „Gettysburg-Adress" bekannt gewordenen Rede, dass Demokratie *„government of the people, by the people, for the people"* sei. Sie sei also eine aus dem Volk hervorgehende, durch das Volk und im Sinne des Volkes ausgeübte Herrschaft. Lincoln hebt hier das Volk ins Zentrum der Demokratie. Damit ist zwar angedeutet, aber noch nicht geklärt, was mit Volkssouveränität gemeint ist.

3 Demokratie heute

Das Prinzip der Volkssouveränität ist erst ein Kind der Moderne und es wurde vorgedacht von den Philosophen der Aufklärung. Dass die Souveränität, also die höchste Herrschaftsgewalt, vom Einzelherrscher oder einer Führungsgruppe auf das Volk übergeht, war erst denkbar, als von den Aufklärern die Vorstellung der Freiheit des Menschen, seiner individuellen Vernunft und darüber hinaus auch der Gleichheit der Menschen entwickelt wurde. Das Volk, eben bestehend aus freien, vernünftigen und gleichen Bürgern (später, im ausgehenden 19. und vor allem aber im 20. Jahrhundert, auch Bürgerinnen), konstituiert in politischer Selbstbestimmung den Staat. Es wird damit zum Souverän, aus dem dann Herrschaft hervorgehen und in dessen Sinn sie ausgeübt werden kann.

Im Grundgesetz der Bundesrepublik Deutschland wird die Volkssouveränität an mehreren Stellen betont. So heißt es in dessen Präambel, dass sich „das Deutsche Volk kraft seiner verfassungsgebenden Gewalt dieses Grundgesetz gegeben" habe. Und im Artikel 20 Absatz 2 wird formuliert: „Alle Staatsgewalt geht vom Volke aus". Quasi erläuternd folgt: „Sie wird vom Volke in Wahlen und Abstimmungen und durch besondere Organe der Gesetzgebung, der vollziehenden Gewalt und der Rechtsprechung ausgeübt."

Deutlich wird an diesen Sätzen, dass Volkssouveränität meint, dass

- sich das Volk mit der Verfassungsgebung rechtlich als Staat konstituiert und
- so die staatliche Einheit begründet,

- es die politische Ordnung organisiert,
- Herrschaftsorgane legitimiert und
- es die zentrale Position in der politischen Willensbildung innehat.

Auch die Unabhängigkeitserklärung der USA von 1776 betont, dass alle rechtmäßige staatliche Herrschaft auf den Grundsätzen von Freiheit, Gleichheit und eben Volkssouveränität beruhe. Während in vielen weiteren Staatsverfassungen die Volkssouveränität explizit hervorgehoben wird, ist sie in anderen nur implizit enthalten. In Großbritannien beispielsweise, einem Land, das ohne geschlossene Verfassung auskommt, wird vielfach von der Parlamentssouveränität gesprochen. Diese Parlamentssouveränität wird jedoch durch die freie, allgemeine, gleiche und geheime Wahl des Parlaments durch das Volk begründet.

Das Prinzip der Volkssouveränität legt nicht fest, wie sie sich darstellt und es kann nicht aus diesem Prinzip geschlossen werden, dass alle politischen Entscheidungen oder auch Richtungsentscheidungen direkt vom Volk getroffen werden. So verweist zwar die Präambel des Grundgesetzes auf die „verfassungsgebende Gewalt" des Deutschen Volkes, doch wurde das GG nicht in einer Volksabstimmung verabschiedet. Hierfür waren vielmehr die vom Volk gewählten Repräsentanten zuständig. In anderen Staaten hingegen äußert sich die Volkssouveränität z. B. auch in Referenden, in denen das Volk direkt über Verfassungsgebung, Verfassungsänderungen oder bedeutsame Gesetzesbeschlüsse entscheidet (→ Kap. 3.3.1). Zentral für die Volkssouveränität ist, dass die politische Ordnung und staatliche Betätigung auf einen Willensentschluss des Volkes zurückführbar und durch diesen legitimiert sein müssen – direkt oder abgeleitet.

3.1.2 Bürgerschaftliche Partizipation

Auch wenn im Prinzip der Volkssouveränität nicht festgelegt wird, wie sie zum Ausdruck kommen soll, sind an den politischen Willensbildungs- und Entscheidungsprozess qualitative und quantitative Ansprüche zu stellen. So wäre es unstatthaft, aus einem einmaligen Entscheidungsakt des Volkes, z. B. die Wahl eines Regierungschefs, direkt auf die Legitimität all dessen Handelns zu schließen. Auch wenn Adolf Hitler durch formal demokratische Wahlen an die Macht kam, war sein späteres Handeln nicht mehr legitimiert, da die Volkssouveränität durch das Führerprinzip abgelöst wurde.

Die Teilnahme und Teilhabe der Bürgerinnen und Bürger an der Politik muss in einer Demokratie kontinuierlich rechtlich und faktisch möglich sein. Zur Sicherstellung dieser Partizipation bedarf es eines ganzen Bündels an freiheitlichen Beteiligungsrechten. Zu diesen zählen, in Deutschland per Grundgesetz garantiert:

- das aktive und das passive Wahlrecht,
- die Versammlungsfreiheit und das Demonstrationsrecht,
- die Vereinigungs- und Koalitionsfreiheit,
- die Meinungs- und die Informationsfreiheit,
- das Petitionsrecht.

Im Zentrum der bürgerschaftlichen Beteiligungsrechte steht das Wahlrecht. Wesentliche politische Willensbildungs- und Entscheidungsorgane werden in Demokratien mittels Wahlen zusammengesetzt. In (mehr oder minder) regelmäßigen und zeitlich überschaubaren Zeitabschnitten (in der Regel zwischen zwei und sieben Jahren) werden die Bürger aufgerufen, mittels allgemeiner, freier und gleicher Wahl die politischen Akteure in Parlament und (teilweise) Regierung auf den verschiedenen staatlichen Ebenen zu bestimmen. Dabei ist in den verschiedenen Demokratien eine kleine Vielzahl an unterschiedlichen Wahlverfahren und Wahlobjekten zu erkennen. In Deutschland werden vor allem parlamentarische Gremien auf Kommunal-, Landes- und Bundesebene gewählt, zudem werden inzwischen fast überall auch die Bürgermeister in den Städten und Gemeinden direkt gewählt. In anderen Staaten besteht die Möglichkeit, auch den Staatspräsidenten von den Bürgern direkt wählen zu lassen (z. B. Frankreich, Russland, mit besonderem mittelbaren Wahlverfahren auch in den USA).

Demokratien zeichnen sich jedoch nicht nur durch das aktive Wahlrecht aus, also der Möglichkeit (in wenigen Ländern, wie z. B. Belgien, auch der Pflicht) zu wählen. Ebenso wichtig ist das passive Wahlrecht, das Recht sich zur Wahl zu stellen und (eventuell) gewählt zu werden. Wird das allgemeine passive Wahlrecht z. B. auf Angehörige einer bestimmten sozialen Gruppe beschränkt und damit die Chance für jedermann zunichte gemacht, ‚in die Politik zu gehen', ist nicht mehr von einer Demokratie zu reden.

In einer funktionierenden Demokratie kann sich die

bürgerschaftliche Partizipationsmöglichkeit jedoch nicht auf die Wahl beschränken. Auch zwischen den Wahlen die eigene Meinung kundzutun, die eigenen Interessen allein oder gemeinschaftlich mit Gleichgesinnten in Vereinen, Verbänden oder Bürgerinitiativen zu vertreten, sich einer Partei anschließen zu können, sich beim Parlament mit Petitionen zu beschweren oder in einer Demonstration erkannte Missstände anprangern zu dürfen, gehört mit in den Kanon der in freiheitlichen Demokratien erlaubten Teilhabemöglichkeiten. Diese Rechte bestehen grundsätzlich in allen Demokratien, werden aber in einigen Fällen auch eingegrenzt. Aufgrund der historischen Erfahrung mit dem Scheitern der Weimarer Republik baute die Bundesrepublik Deutschland Elemente der „wehrhaften" oder „streitbaren" Demokratie in ihr System ein. Das heißt, dass politische Bestrebungen, die auf die Vernichtung der Freiheitlichkeit zielen, verboten werden können. Demonstrationen extremistischer Organisationen oder radikale Vereinigungen können hier verboten werden, was zwar das Partizipationsrecht für bestimmte Personen(gruppen) einschränkt, aber zur allgemeinen Sicherung bürgerschaftlichen Engagements und zum Erhalt der Demokratie beitragen soll. In anderen Staaten, z. B. den USA, wird das Recht auf Meinungsfreiheit weiter ausgelegt und somit das öffentliche Werben z. B. auch für nationalsozialistische Ideen erlaubt.

Die Verwirklichung bürgerschaftlicher Partizipation braucht neben den Beteiligungsrechten noch weitere Voraussetzungen. Fundamental sind hier einerseits der Zugang zu allgemeiner und zu politischer Bildung, die es den Menschen ermöglicht, ihre eigenen Interessen erkennen, bewerten und vertreten zu können, sowie andererseits der Zugang zu politischen Informationen. Die Existenz von Medien, die frei von Zensur und staatlicher Steuerung über politische Strukturen, Prozesse und Zusammenhänge berichten, die staatliches Handeln öffentlich kontrollieren, die Missstände, Skandale und Affären aufdecken und zudem den Bürgern ein Forum der Artikulation bieten, ist eine notwendige Bedingung für die Demokratie. Neben der medienvermittelten Information kann in Demokratien der Bürger jedoch auch direkt von den Parlamenten, den Ministerien und Verwaltungen Auskunft einfordern. Die Möglichkeit der Information ist neben den Beteiligungsrechten eine Grundvoraussetzung für bürgerschaftliche Partizipation.

3.1.3 Politischer und gesellschaftlicher Pluralismus

Der Begriff des Pluralismus ist in mehrfacher Hinsicht bedeutsam für die Betrachtung der Demokratie. Grundlage ist die Erkenntnis, dass (nicht nur) in modernen Staaten eine Vielzahl individuell unterschiedlicher Interessen, Meinungen, Einstellungen, Ziele, Lebenslagen sowie politischer und sozialer Deutungsmuster besteht. Demokratien zeichnen sich dadurch aus, dass diese Pluralität anerkannt und respektiert wird. Weder der Staat noch die institutionalisierten politischen Akteure sind in einer Demokratie berechtigt, diesen Pluralismus durch Zwang zu unterdrücken, die Gesellschaft – wie im Nationalsozialismus – „gleichzuschalten" und den Menschen eine Meinung aufzuzwingen.

Mit der Anerkennung und Respektierung der individuellen Positionen besteht aber nur eine notwendige, jedoch nicht hinreichende Bedingung für die Erfüllung des Demokratiekriteriums „Pluralismus". Vielmehr bedarf es auch der Möglichkeit, für die individuellen Interessen eintreten zu können, für sie werben zu dürfen und sie auch zu organisieren. Die schon angesprochene Koalitionsfreiheit ist eine Voraussetzung zur Gestaltung des gesellschaftlichen Pluralismus. Sie ermöglicht es den Bürgerinnen und Bürgern ihre kulturellen, sportlichen, sozialen, wirtschaftlichen, religiösen, weltanschaulichen oder politischen Interessen in Vereinen, Verbänden, Bürgerinitiativen oder Parteien zu vertreten. So entsteht ein buntes Geflecht von kooperierenden, konkurrierenden oder sich ergänzenden Gemeinschaften, die individuelle Interessen aggregieren und artikulieren. Vom Arbeitgeberverband und Gewerkschaften, über Wohlfahrtsverbände und Selbsthilfevereinigungen, Freizeitvereine und Kulturstiftungen bis zu ideellen Vereinigungen, Kirchen und die Umweltschutzbürgerinitiativen sowie politischen Parteien reicht das weite Spektrum der Organisationen, die die unterschiedlichsten gesellschaftlichen Interessen bündeln und auch im politischen Diskurs vertreten. Häufig wird es erst durch die organisierten Interessen möglich, die individuellen, materiellen oder ideellen Interessen darzustellen und mit Anregungen, Forderungen oder Unterstützungsleistungen gegenüber anderen gesellschaftlichen und politischen Gruppen aufzutreten (vgl. Alemann 1989: 35 ff.).

Von wenigen Ausnahmen abgesehen, ist die Mitgliedschaft in solchen Interessensorganisationen freiwillig und sie bieten damit den Bürgerinnen und Bürgern auf die unterschiedlichste Art eine Partizipationsmöglichkeit (→ Kap. 3.4.2 und 3.4.3).

Der politische Pluralismus zeigt sich auch darin, dass in Demokratien grundsätzlich mehrere um Macht und Wählerstimmen konkurrierende Parteien existieren. Ein Staat mit einem Einparteiensystem kann somit nicht als Demokratie eingestuft werden. Parteien, die im Gegensatz zu anderen Interessensorganisationen darauf ausgerichtet sind, sich an Wahlen zu beteiligen und in Parlament sowie Regierung politische Verantwortung auszuüben, bieten mit ihren unterschiedlichen ideologischen Grundlagen und programmatischen Ausrichtungen den Bürgern ein mehr oder minder großes pluralistisches Politikangebot.

3.1.4 Macht- und Herrschaftsbegrenzung

Auch wenn Montesquieu (→ Kap. 2.3.2) nicht die Demokratie heutigen Verständnisses plante, sondern sich als Anhänger der konstitutionellen Monarchie sah, so ist sein Werk doch von einem Gedanken geprägt, der für die modernen Demokratien fundamental ist. Montesquieu stellte fest, dass die Konzentration von Macht in den Händen eines Monarchen oder Despoten mit erheblichen Gefahren für die Gesellschaft verbunden ist. Einerseits droht ein Machtmissbrauch, der zur Unterdrückung von Freiheit, Sicherheit und Selbstständigkeit führt, anderseits macht sie das politische und Verwaltungssystem äußerst anfällig für Vettern- und Günstlingswirtschaft, für Korruption und Laster. Die Verteilung der Macht auf verschiedene Gewalten, die sich dann wechselseitig kontrollieren und gegebenenfalls korrigieren, bietet in seinen Augen die besten Voraussetzungen für Vernunft orientierte Staatsführung.

Dieser Gedanke wurde auch von den Autoren der „Federalist Papers" wieder aufgegriffen, die sich für ein System von „checks and balances", von Hemmnissen und Gegengewichten, aussprechen. So soll ein Gleichgewicht der Machtträger geschaffen werden, mit der Möglichkeit, dass sie sich gegenseitig in Schach halten. Weder Montesquieu noch die Federalists hatten dabei ein Bild von strikter Trennung der Gewalten vor Augen. Vielmehr ging es darum, eine Verteilung bestimmter Staatsfunktionen auf verschiedene Staatsorgane vorzunehmen (vgl. Loewenstein 2000: 39 ff.).

Durchgängig hat sich in den modernen Demokratien die Verteilung und Verschränkung der exekutiven, legislativen und judikativen Gewalt durchgesetzt. Keine der Gewalten kann in einer Demokratie ohne die anderen funktionieren. Die Regierung muss im Rahmen der von der Legislative erlassenen Gesetze und Haushaltsspielräume agieren. Die Legislative ist wirkungslos ohne die ausführende Gewalt. Die Judikative urteilt auf der Grundlage der erlassenen Gesetze und kontrolliert das Regierungshandeln.

Loewenstein (2000: 40 ff.) löst sich bei seiner Betrachtung der Macht- und Herrschaftsbegrenzung von dem klassischen Modell Montesquieus, indem er spezifische Funktionen im demokratischen Staatswesen feststellt und Akteuren zuordnet. Das entsprechende Modell zeigt Abbildung 3.1.

Grundentscheidung	Ausführung	Kontrolle
Parlament Regierung oberste Gerichte Wähler	Regierung und Verwaltung Parlament Gerichte	Parlament Regierung Gerichte Wähler politische Kräfte

Abb. 3.1 Funktionen-Teilung nach Loewenstein
(Quelle: Frevel/Hrbek 1996: 26)

Unter politischer Grundentscheidung versteht man nach Loewenstein Entscheidungen, „welche für die Gemeinschaftsgestaltung in der Gegenwart und oft auch in der Zukunft richtungsweisend und grundlegend sind" (ebd.: 40). Loewenstein spricht von „policy determination". Es geht hier um Aufgaben und Ziele, um Werte in der Politik, also um ganz Grundlegendes – angefangen bei der Verfassung, über die Gestaltung von z. B. Wirtschaftsordnung oder Schulwesen, bis hin zu Fragen der sozialen Sicherung. Während in Staaten mit konzentrierter Machtausübung alle Grundentscheidungen vom alleinigen Machthaber, z. B. einer einzelnen Person, der Führung einer Einheitspartei oder einer Gruppe von Militärs, gefällt werden, sind in Systemen mit geteilter Machtausübung mehrere Machtträger beteiligt: die Regierung und das Parlament, oft auch das Volk in Form von Volksabstimmungen, stets aber über Wahlen. Bevor eine solche Grundentscheidung gefällt wird, findet ein längerer Prozess statt, an dem sich viele Kräfte beteiligen.

Bei der zweiten Funktion, der Ausführung – oder auch „policy execution" – werden die Grundentscheidungen mittels Gesetzgebung, Regierungs- und Verwaltungshandeln umgesetzt.

In der Funktion der politischen Kontrolle („policy control") liegt nach Loewenstein (2000: 45) „[d]er Kern der neuen Dreiteilung". Denn Kontrolle bewirkt Eindämmung politischer Macht, deren Missbrauch erfahrungsgemäß nicht ausgeschlossen werden kann. „Der Angelpunkt der Funktion der politischen Kontrolle liegt in der Geltendmachung und Erzwingung der politischen Verantwortlichkeit. Sie ist gegeben, wenn ein bestimmter Machtträger einem anderen Machtträger Rechenschaft über die Erfüllung der ihm zugewiesenen Funktionen ablegen muss, beispielsweise die Regierung dem Parlament, das Parlament der Regierung und letzten Endes beide der Wählerschaft." (ebd.: 48)

Das Grundsystem der Gewaltenteilung mit der Ergänzung der Funktionenteilung wird in den verschiedenen Demokratien höchst unterschiedlich ausgestaltet. Während einige Länder, wie z. B. Großbritannien, die Teilung eher auf wenige Akteure beschränken, haben andere Länder, wie z. B. die Bundesrepublik Deutschland, die USA oder die Schweiz, die klassisch horizontale Gewaltenteilung durch eine vertikale Gewaltenteilung ergänzt, indem Gliedstaaten (in Deutschland die 16 Bundesländer) oder auch die Gemeinden über eigene Macht- und

Entscheidungsbefugnisse verfügen. Die mehr oder minder breite Verteilung von Entscheidungs-, Umsetzungs- und Kontrollkompetenzen auf unterschiedliche Akteure bewirkt die Begrenzung von Macht, beugt Machtmissbrauch vor und begünstigt den ausgiebigen politischen Diskurs, der ein Grundmerkmal von Demokratien ist.

3.1.5 Rechts- und Sozialstaatlichkeit

Die Forderungen der Französischen Revolution nach Freiheit, Gleichheit und Brüderlichkeit sind schon fast ein Synonym für das politische Menschenbild in modernen Demokratien – auch wenn sich beispielsweise in Deutschland dieser Dreiklang qualitativ geändert hat und die Vorstellung von Freiheit, Gerechtigkeit und Solidarität umfasst.

Freiheit meint in diesem Kontext nicht, dass jeder frei ist, das zu tun, was ihm gerade in den Sinn kommt, denn dies wäre ein Schritt in Richtung Anarchie und Faustrecht, bei dem zwar der Stärkere die Freiheit besitzt, sich durchzusetzen, der Schwächere jedoch seine Freiheit einbüßt. Im Sinne der Aufklärung, die das politische Denken für die Demokratie nachhaltig prägt, meint der Ruf nach Freiheit vor allem die Forderung nach Unabhängigkeit und Abwesenheit von Zwang und Unterdrückung. Diese Art von Freiheit kann jedoch nur durch den Aufbau einer legitimen Ordnung gewährleistet werden. Diese formuliert Regeln des Zusammenlebens, die grundsätzlich für alle Gültigkeit haben. Der Gesetzgeber spannt mit seinem Gesetzeskanon einen allgemein gültigen Rahmen, innerhalb dessen die Menschen die Freiheit der Handlung besitzen. Gleichzeitig begrenzt der Rahmen das Handlungsspektrum durch das Verbot und die Kriminalisierung von gemeinschafts- und freiheitsschädlichen Handlungen. Auf diese Weise sollen sowohl Macht missbrauchender staatlicher Zwang und Unterdrückung unterbunden, als auch gemeinschafts- und freiheitsschädliches Handeln der Bürger untereinander vermieden werden.

An diesem Punkt wird die zweite Forderung nach Gleichheit bzw. Gerechtigkeit bedeutsam. Im Prinzip soll die legitime Ordnung für alle gelten – unabhängig von körperlicher, sozialer, wirtschaftlicher oder geistiger Stärke. Erst die Gleichheit der Menschen vor dem allgemein gültigen Gesetz ermöglicht die Freiheit, da so die ungleiche Verteilung von natürlichen und sozialen Ressourcen nicht Unterdrückung nach sich zieht.

Die Gewährleistung von Freiheit und Gerechtigkeit obliegt in der Moderne dem Staat. Dies heißt, dass in einer Demokratie

- eine vom Volk legitimierte Legislative die verbindliche Ordnung festlegt,
- die Exekutive (Regierung und Verwaltung) nur im Rahmen der gesetzlichen Kompetenzen handelt und
- die Judikative die Einhaltung der Gesetze überwacht und bei etwaigen Verstößen diese sanktioniert.

Die Bindung öffentlichen Handelns an gesetzliche Normen sowie das Recht aller Bürger bei tatsächlichen und vermeintlichen Rechtsverstößen (unabhängig ob diese von staatlichen Akteuren, Institutionen oder Personen ausgingen) Klage zu erheben und so auf die Prüfung des Tatbestandes durch die unabhängige Justiz zu dringen, macht den Kern der Rechtsstaatlichkeit aus. Sowohl staatliche Willkürherrschaft als auch Zwang und Unterdrückung durch Dritte sollen mit dem Rechtsstaat verhindert werden.

Eine Ergänzung findet das Prinzip der Rechtsstaatlichkeit in der Sozialstaatlichkeit. Wenn es das Ziel des Rechtsstaates ist, die Grundrechte sowie die persönlichen und wirtschaftlichen Freiheiten der Bürger zu schützen, so bedarf es auch eines Instrumentariums, das den Bürgern nicht nur das formelle Recht, sondern auch die faktische Möglichkeit zur gesellschaftlichen Teilhabe gibt. In einem Sozialstaat ergreift der Staat rechtliche, finanzielle und materielle Maßnahmen der Gesellschafts- und Sozialpolitik, um soziale Gegensätze und Spannungen in der Gesellschaft bis zu einem gewissen Maße auszugleichen, damit die Bürger zu integrieren und ihnen Partizipationschancen zu eröffnen.

In dem Grundgesetz der Bundesrepublik Deutschland wird die enge Verknüpfung von Demokratie mit Rechts- und Sozialstaatlichkeit ausdrücklich betont. So heißt es in Artikel 20 GG: „Die Bundesrepublik Deutschland ist ein demokratischer und sozialer Bundesstaat. [...] Die Gesetzgebung ist an die verfassungsmäßige Ordnung, die vollziehende Gewalt und die Rechtssprechung sind an Gesetz und Recht gebunden." Die Gültigkeit dieser zentralen Prinzipien gilt auch für die Bundesländer: „Die verfassungsmäßige Ordnung in den Ländern muss den Grundsätzen des republikanischen, demokratischen und sozialen Rechtsstaates im Sinne dieses Grundgesetzes entsprechen" (Art. 28 Abs. 1 GG).

> **Zum Nach- und Weiterdenken**
>
> Schauen Sie mal im Grundgesetz nach und ordnen Sie die Normen der Artikel 4 (2), 5, 8, 9, 19 (4), 20 (1), 20 (2), 20 (3) und 21 den Merkmalen der Demokratie zu.
>
> Erklären Sie, wie gesellschaftlicher und politischer Pluralismus in Deutschland verwirklicht wird.
>
> Welche Möglichkeiten zur Macht- und Herrschaftsbeschränkung gibt es in der Demokratie?

3.2 Demokratietheoretische Grundlagen

Dass Demokratie auf Volkssouveränität aufbaut, ein System der Herrschafts- und Machtbegrenzung bereitstellt und bürgerschaftliche Partizipation zulässt, gehört zu den Grundelementen dieser Staats- und Regierungsform. Doch das *Wie* der Ausgestaltung ist höchst unterschiedlich. Dabei sind es zum einen aus der historischen Entwicklung resultierende Faktoren, die länderspezifische Unterschiede der Demokratie bedingen. Weiterhin beeinflussen kulturelle sowie sozialstrukturelle Voraussetzungen die Demokratiegestaltung. Nicht zuletzt sind es jedoch auch die verschiedenen theoretischen Konzepte zur Demokratie, die die Praxis prägen. Diese Demokratietheorien berücksichtigen unter anderem die aus den – insbesondere für den europäischen Raum bedeutsamen – politischen Ideologien von Liberalismus, Konservatismus und Sozialismus stammenden Menschen- und Staatsvorstellungen. Sie rücken teilweise mehr die Frage der Herrschaftslegitimierung und Herrschaftsgestaltung in den Vordergrund – wie z. B. Max Weber (2006; 1988) oder legen den Schwerpunkt auf die Demokratie als „Methode" der Elitenrekrutierung durch politischen Wettbewerb (so z. B. Schumpeter 2005). Andere Theoretiker gehen von dem Gedanken der Regierungseffektivität und -effizienz aus oder rücken die Partizipation der Bürger in den Vordergrund (z. B. Barber 1984 bzw. Maus 1994), während weitere die Form der Entscheidungsfindung (z. B. Habermas 1992) als zentralen Aspekt der Demokratie betrachten. Kontrovers diskutieren die Demokratietheoretiker die Frage des Gemeinwohls: Kann eine Vorstellung von Gemeinwohl schon im Vorhinein (a priori) bestehen und die politische Arbeit lenken oder ist Gemeinwohl eher das Ergebnis eines politischen Prozesses und entsteht somit a posteriori (vgl. Fraenkel 2011: 256 ff.)? Nicht geringer wird die Unübersichtlichkeit der Demokratietheorien, wenn die Auseinandersetzung darüber berücksichtigt wird, ob Demokratie (lediglich?) eine Staatsform betreffe oder auch als Lebens-, Sozial- und Wirtschaftsform gelten solle, wie es die Theoretiker der Sozialen Demokratie fordern (z. B. Bernstein 1973).

Schon diese kurze und sehr unvollständige Nennung einiger Denkansätze macht deutlich, dass es *die* Demokratietheorie nicht gibt, sondern dass es höchst unterschiedliche und kontroverse Vorstellungen gibt, die in diesem

Elemente-Band nicht alle erfasst werden können. Einen guten Überblick vermitteln jedoch Schmidt (2010) und Lembcke et al. (2012a), auf die für die intensivere Auseinandersetzung mit der Thematik verwiesen werden soll. Die fünf nachfolgenden Skizzen können somit lediglich einen Einblick in die Problematik der demokratietheoretischen Grundlagen vermitteln. Ausgewählt wurden diese einerseits wegen ihrer grundlegenden Bedeutung innerhalb der breiten Thematik und andererseits, weil sie einige der unterschiedlichen Zugangsweisen und Schwerpunkte repräsentieren. Um die darüber hinausgehende Vielfalt zeitgenössischer Demokratietheorien aufzuzeigen und eine Orientierungshilfe für das weitere Studium von Demokratietheorien zu geben, werden die skizzierten Demokratietheorien abschließend in eine Systematik zeitgenössischer Demokratietheorien (vgl. Lembcke et al. 2012b: 14–26) eingeordnet.

3.2.1 Konservative Demokratievorstellungen

Die konservativen Positionen zur Demokratie bauen auf dem spezifischen Staats- und Menschenbild auf, das den Konservatismus prägt. Ausgehend von der Vorstellung einer in sich gegliederten und differenzierten, hierarchischen Gesellschaft sowie dem Bild eines im Prinzip sündhaften und auf sich selbst bezogenen Menschen[2]

---

2 Joseph de Maistre (1753–1821) ging z. B. von der Vorstellung aus, dass der Mensch von Grund auf böse sei (vgl. Göhler/Klein 1991: 319).

wird die Notwendigkeit erkannt, mit einem starken und strengen Staat die Gesellschaft und deren Mitglieder zu bändigen und zusammenzuführen. So bedarf es fester politischer Autoritäten und Institutionen, die den nach seinem Wesen undemokratischen Menschen beschwichtigen (vgl. Böhret u. a. 1988: 224). Wenn der Mensch entgegen Kants Unterstellung eben nicht vernünftig, mündig und selbstverantwortlich ist, obliegt es der legitimen und in der Demokratie vom Volk legitimierten Macht des Staates, die Gesellschaft zu führen und die vom Menschen ausgehenden Gefährdungen der Gemeinschaft zu kontrollieren.

Aus dieser Sicht folgt der Gedanke, dass der Staat der Gesellschaft übergeordnet sein müsse, um so seiner Führungsaufgabe gerecht werden zu können. Der Staat, dem die Herstellung des Gemeinwohls obliegt, solle deshalb auch nicht durch die Partikularinteressen von einzelnen oder von Gruppen bedrängt werden. Es wurde und wird gar von manchen konservativen Staatsrechtlern und Politikwissenschaftlern eine Gefahr für den Staat erkannt, wenn eine extensive Partizipation die Gruppen- und Individualinteressen in den Vordergrund rückt und deshalb geschlussfolgert, dass der Staat vor der Gesellschaft und den Menschen abgeschirmt werden müsse. Nur in wenigen festen Formen solle die politische Einflussnahme aus der Gesellschaft erfolgen können.

„Von der Seite des Staates her gesehen, müssen solche Verbindungen dergestalt beschaffen sein, das sie Uneinigkeit, Schwächung und Fehlsamkeit fernhalten und nur das Einigende, Kräftigende, Repräsentierende ‚durchlassen'. Diese Kommunikation muss somit bildlich gesprochen zugleich ein Filter sein. [...] Anders als für die Gesellschaft im Verhältnis zum Staat gibt es [...] für den Staat keinen spezifischen Schutz vor der Gesellschaft. Um so mehr muss daher vor allem Bedacht auf die Abschirmung des Staates gegenüber dem natürlichen Menschen genommen werden" (Krüger 1966: 629, 632).

Bei dieser Vorstellung von einem führungsbedürftigen Menschen und einem steuernden Staat bestehen verschiedene Möglichkeiten für die Festlegung der Staatsform. Dies reicht von einem „Führer-" bzw. „totalen Staat", wie ihn Carl Schmitt beschrieb (1957; 1961), über die Demokratie nach den Ideen Jean Jacques Rousseaus bis hin zu Modellen der modernen Demokratie. Insbesondere das repräsentative parlamentarische System kommt den konservativen Positionen recht nahe. „Der Bürger spricht sein Wort zu den Entscheidungen der Staatsgewalt in der Wahl und durch das Parlament – der Rest ist schweigender Gehorsam" (Krüger 1966: 893).

Dieses reduzierte Demokratieverständnis legt also wenig Wert auf bürgerschaftliche Partizipation außerhalb des Wahlaktes, lehnt basisdemokratische Vorstellungen ab, betrachtet Interessensorganisationen kritisch und sieht Demokratie (lediglich?) als eine Form zur Legitimierung staatlicher Herrschaft. Durch den Wahlakt wird die Regierung legitimiert, ihre Führungs- und Steuerungsaufgaben zu erfüllen. Die Legitimität der Regierung bleibt bis zur nächsten Wahl bestehen und kann bei Unzufriedenheit der Bürger mit dem Regierungshandeln in der nächsten Wahl den bisherigen Regenten entzogen und anderen übertragen werden.

Gegenüber der so skizzierten „traditionellen" konservativen Position, die recht stark in den ersten beiden Dritteln des 20. Jahrhunderts die Haltung bestimmte, setzt der „technokratische" Konservatismus zwar auch auf die Überordnung des Staates gegenüber der Gesellschaft, aber der Begründungshintergrund wird anders gesehen. In einer zunehmend komplexer werdenden Welt, in der Wissenschaft und Technik sich rasant fortentwickeln und in der wirtschaftliche und soziale Prozesse große Dynamik entfalten, bedarf es einer großen Sachkompetenz seitens der Staatsführung, angemessen und gemeinwohlorientiert die Gesellschaft zu regieren. Angesichts der vielfältigen Sachzwänge und Sachgesetzlichkeiten brauche die moderne Demokratie nicht die von den alten Demokratietheoretikern wie John Stuart Mill (→ Kap. 2.3.3) eingeforderte Repräsentanz eines Querschnitts aller Intelligenz-, Einkommens- und Standesschichten des Volkes im Parlament, sondern die Hervorhebung des Expertentums. Die Rekrutierung von Experten und Eliten für die Politik wird hier als wichtige Aufgabe der Parteien gesehen. Mit deren Gewinnung von Sachkompetenz für die Arbeit in Parlament und Regierung schaffen sie die Voraussetzung für problemadäquates politisches Handeln. Diese Position, die insbesondere von Ernst Forsthoff (1971) und Arnold Gehlen (1976) ausgearbeitet und vertreten wurde, steht ebenfalls der bürgerschaftlichen Partizipation skeptisch gegenüber, denn die ‚einfachen Bürger' verfügen eben nicht über die Kompetenz, die Sachgesetzlichkeiten entsprechend zu erkennen, da sie sich an ihren individuellen Interessen und persönlichen Sichtweisen orientieren.

Dieser Gedanke prägte auch die Arbeit von Helmut Schelsky (1963, 1977). Er äußerte Vorbehalte gegen eine weitere Demokratisierung mit der Ausweitung von Partizipation oder auch der Übertragung der doch eigentlich als Staatsform anzusehenden Demokratie auf andere Lebensbereiche in Wirtschaft und Gesellschaft, mit der damit verbundenen Position von Demokratie als Lebensform. Schelsky (1977: 426) meint,

„dass die Tendenz ‚Mehr Demokratie' im Sinne der höheren Beteiligung der Bevölkerung an der politischen Willensbildung bezahlt werden muss mit der Tendenz: ‚mehr Konflikte', ‚weniger Rationalität', ‚mehr Herrschaftsansprüche', ‚weniger Sachlichkeit', vor allem aber als durchgehende Politisierung in Richtung auf zentralistisch-totalitäre Machtdurchsetzung."

Auch andere konservative Demokratietheoretiker betonen die Trennung bzw. Verschiedenheit des Staates von der Gesellschaft, wie z. B. Wilhelm Hennis (1977: 26):

„Wie unterschiedlich die Terminologie auch sein mag, und wo immer die Grenzen gezogen wurden und weiterhin werden, den freiheitlichen Verfassungsstaat westlicher Prägung gibt es nur dort, wo eine Differenzierung von Staat und Gesellschaft gemacht wird, Privates von Öffentlichem getrennt werden darf."

Dieser Sicht liegen die Montesquieuschen Vorstellungen der Gewaltenteilung sowie die Ideen des Demokratievordenkers John Locke (1632–1704) zugrunde. Aber wiederum geht mit dieser Position eine Ablehnung von

Demokratisierung im Sinne der Übertragung demokratischer Prinzipien auf gesellschaftliche Prozesse einher.

3.2.2 Pluralismustheorie

Von einem völlig anderen Demokratieverständnis gehen die Anhänger der pluralistischen Demokratie aus. Sie sehen den Staat weniger als die Gesellschaft regelnde und die führungsbedürftigen Menschen kontrollierende Ordnungsmacht, sondern verstehen Regierung und Parlament als Instanzen, die öffentliche Angelegenheiten und gesellschaftliche Konflikte verbindlich regeln. Die Feststellung, dass die Bürger egoistische Einzelinteressen haben und dass es das Streben des einzelnen sei, die eigenen Interessen möglichst weitgehend durchzusetzen, ist für die Pluralismustheoretiker nicht nur ein hinzunehmendes Faktum, sondern geradezu die Voraussetzung und Chance für eine lebendige Demokratie.

Eine Gesellschaft sei von ihren vielfältigen – eben pluralistischen – Interessen und Standpunkten geprägt. Die Arbeitnehmerinteressen unterscheiden sich von denen der Arbeitgeber, Verbraucher haben andere Vorstellungen von Produkten als die Produzenten, Menschen mit einem christlichen Weltbild unterscheiden sich in ihren Ansichten von den Atheisten, Arme haben andere Bedürfnisse als Reiche, Junge sehen die Welt anders als Alte und bekennende Benutzer der Eisenbahn stellen sich die Verkehrspolitik anders vor als begeisterte Autofahrer. An vielen weiteren Beispielen ließe sich verdeutlichen, dass Interessenspluralismus besteht – und die unterschiedlichen Interessenslagen prägen dann auch die Sichtweise auf die Politik. Interessenspluralismus bedeutet denn auch immer eine Interessenskonkurrenz.

Nach konkurrenztheoretischem Verständnis gilt es als legitim, dass sich einzelne Bürger mit anderen, deren Interessen gleich gelagert sind, zusammenschließen, um ihre Interessen besser wahrnehmen zu können, dass sich also organisierte Interessengruppen bilden. Der politische Willensbildungs- und Entscheidungsprozess sei gekennzeichnet durch die Rivalität der verschiedenen, in Konkurrenz stehenden Interessengruppen. Hierbei kommt allerdings der Notwendigkeit des Ausgleichs zwischen diesen unterschiedlichen Interessen aus pluralismustheoretischer Sicht ein besonderer Stellenwert zu. Politische Entscheidungen trügen somit immer den Charakter von Kompromissen zwischen verschiedenen Interessengruppen.

Zwei Positionen prägen die Vorstellung des Pluralismus:

- es gibt keinen einheitlichen vorgegebenen und rational erkennbaren Volkswillen,
- die Gesellschaft ist nicht homogen (gleichartig, einheitlich), sondern heterogen (uneinheitlich) und von vielfältigen Interessensgegensätzen bei unterschiedlichen Gruppen geprägt.

Dementsprechend ist der Staat auch nicht in der Lage, einen „Volkswillen" zu vollziehen,

„sondern das Volk überträgt einer bestimmten Gruppe (Partei) zu treuen Händen das Amt der Regierung, wobei es sich vorbehält, die Treuhandschaft jederzeit durch Wahlen zu widerrufen, wenn sie nicht im Interesse der Mehrheit des Volkes ausgeübt wird. Die Demokratie ist dadurch gekennzeichnet, dass das Volk nicht selbst regiert, sondern eine Regierung hervorbringt, also nicht Regierung durch das Volk, sondern ‚vom Volk gebilligte Regierung'. Es ist davon auszugehen, dass das Volk als viel zu große, relativ diffuse Masse zwar nicht in der Lage ist, Politik zu formulieren, aber doch zumindest die Regierung installieren und kontrollieren kann" (Böhret u. a. 1988: 233).

Grundsätzliche Anforderungen an ein solches demokratisches System sind

a) die Achtung der Grund- und Menschenrechte,
b) die Orientierung am Prinzip des sozialen Rechtsstaates, der die Freiheit jedes einzelnen Bürgers gewährleistet und ein Mindestmaß an sozialer und wirtschaftlicher Sicherheit für alle verwirklicht,
c) die Einhaltung der in der Verfassung festgelegten, rechtsstaatlichen Verfahrensregeln, zu denen insbesondere Mehrheitsprinzip, Minderheitenschutz und Machtkontrolle gehören,
d) freie, gleiche und geheime Wahlen, die periodisch stattfinden müssen,
e) die Möglichkeit des Regierungswechsels (Bestätigung oder Abwahl einer einmal gewählten Regierung) und
f) die Sicherung von politischen Freiheiten als notwendige Bedingungen, hierzu zählen vor allem
  • Meinungs- und Informationsfreiheit,

- freie Konkurrenz der Parteien,
- Existenz einer Opposition,
- Angebote zur Partizipation am demokratischen Konkurrenzkampf.

Diese vorgenannten Bedingungen sind quasi als „Spielregeln" zu verstehen. Sie schaffen die Voraussetzung für die offene Konkurrenz der Interessen und den angestrebten Ausgleich der Interessen. Sowohl der einzelne Bürger als auch die verschiedenartigsten Interessensorganisationen (vom Sportverein bis hin zu Gewerkschaften) und insbesondere die politischen Parteien können unter diesen Bedingungen ihre Meinungen äußern, ihre Problemsicht darstellen, Lösungs- und Handlungsvorschläge unterbreiten und damit ihren Beitrag zur politischen Willensbildung und Entscheidungsfindung leisten. Letztlich würde aus dem offenen Meinungsstreit und der Interessenabwägung so etwas wie Gemeinwohl entstehen.

Anders als in der identitären Demokratie à la Rousseau und den traditional-konservativen Vorstellungen ist in der pluralistischen Demokratie „Gemeinwohl" keine ein für alle Mal verbindlich festgelegte Größe, sondern Gegenstand gesellschaftlicher Auseinandersetzungen und – grob vereinfacht formuliert – Ergebnis des Ausgleichs zwischen den unterschiedlichen Interessen. Demzufolge sind Interessenkonflikte nach pluralistischem Demokratieverständnis keineswegs als schädlich oder störend anzusehen, sondern sie gelten als Potenzial für brauchbare Lösungen politischer Probleme – unter der Voraussetzung, dass der beschriebene demokratische Fundamentalkonsens gewahrt bleibt. Hierzu gehört auch, dass Minderheiten die Möglichkeit und das Recht haben, gegen die Vorstellungen der Mehrheit zu opponieren und für ihre Ideen zu werben. Problematisch an dieser Gemeinwohlvorstellung ist jedoch, dass in der Realität bei weitem nicht alle Interessen über die gleiche Durchsetzungsfähigkeit verfügen. Eine Chancengleichheit in dieser Hinsicht wäre jedoch unabdingbare Voraussetzung für einen fairen Interessenausgleich. Erfahrungsgemäß sind jedoch insbesondere soziale Randgruppen oder Minderheiten im Wettbewerb der Interessen benachteiligt, während mächtige Interessengruppen wie etwa Unternehmerverbände oder Gewerkschaften weitaus eher in der Lage sind, die Gemeinwohldiskussion in ihrem Sinne zu beeinflussen.

Während in der pluralistischen Demokratie grundsätzlich alle Bürgerinnen und Bürger sich am Willensbildungsprozess durch ihre Meinungsäußerung beteiligen dürfen und auch die vielfältigen Interessensorganisationen hierbei bedeutsame Akteure sind, benötigt die Demokratie jedoch auch Institutionen und Organe, die für die letztliche Entscheidung verantwortlich sind und den staatlichen Teil der Demokratie darstellen.

Zentralen Stellenwert besitzt in der Pluralismustheorie das Prinzip der Repräsentation: Das Volk ist, so die Theorie, Träger der Staatsgewalt, übt diese Staatsgewalt jedoch nicht selbst und unmittelbar aus, sondern delegiert sie durch Wahlen an Vertretungsorgane, die in seinem Namen handeln. Die Volksvertreter, die als Abgeordnete im Parlament zusammenfinden, sind nicht an Aufträge und Weisungen gebunden, sondern nur ihrem

Gewissen verantwortlich (freies Mandat). Ihre Aufgabe ist es, Gesetze zu erlassen und die Regierung zu kontrollieren. Die Gesamtheit der Wahlbürger entscheidet also, wer aus dem Angebot verschiedener konkurrierender Kandidaten für eine festgelegte Frist („Legislaturperiode") das Volk repräsentieren und in seinem Namen die öffentlichen Angelegenheiten gestalten soll. Haben Volksvertreter bzw. Regierung ihre Aufgabe zur Zufriedenheit des Volkes ausgeübt, so werden sie nach Ablauf der Legislaturperiode wiedergewählt. Wenn nicht, dann wird die Konkurrenz das Rennen machen. Auf diese Weise sind nach Auffassung der Pluralismustheorie sowohl die einzelnen Abgeordneten als auch die Regierung, obwohl beide verfassungsrechtlich nicht an den Willen der Wähler gebunden sind, genötigt, geflissentlich darauf zu achten, dass sie sich in angemessener Nähe zu den Interessen und Vorstellungen der Wähler bewegen. Somit stellen Wahlen einerseits einen Ausdruck der Volkssouveränität dar, weil durch sie das Volk als handelndes Organ in Erscheinung tritt, zum andern aber sind sie nach diesem Verständnis ein wesentliches Instrument der Kontrolle und der Korrektur, mit dessen Hilfe das Volk seine Repräsentanten immer wieder disziplinieren und zügeln kann.

3.2.3 Soziale Demokratie und Demokratischer Sozialismus

Im Unterschied zu den konservativen Demokratievorstellungen, die die Überordnung des Staates gegenüber der Gesellschaft betonen und das demokratische Prinzip zuvörderst als Methode der Regierungslegitimierung erachten, und in Fortführung der Pluralismustheorie, die die Bindung staatlicher Macht an die differenzierte Interessenlagen der heterogenen Gesellschaft einfordern, betont die Soziale Demokratie insbesondere zwei Aspekte, welche die Rolle des Staates und die Rolle der Gesellschaft betreffen.

Entstanden sind die Vorstellungen zur Sozialen Demokratie und zum Demokratischen Sozialismus am Ende des 19. bzw. am Anfang des 20. Jahrhunderts (vgl. Gombert u. a. 2014). In heftiger Auseinandersetzung mit den Vorstellungen von Karl Marx zur revolutionären Direktdemokratie und der Leninschen Idee des sog. Demokratischen Zentralismus, entwickelte Eduard Bernstein (1899) die Grundzüge der Sozialen Demokratie. Sah Bernstein darin das „Mittel zur Erkämpfung des Sozialismus und [...] die Form der Verwirklichung des Sozialismus" (ebd.: 178), so führten Lothar F. Neumann (1979) und vor allem auch Hans-Hermann Hartwich (1970) die Theorie für die modernen Verfassungsstaaten weiter aus.

Wichtig ist den Vertretern der Sozialen Demokratie eine gegenüber den konservativen und liberalen Vorstellungen deutlich erweiterte Aufgabenstellung des Staates.

„[Die Theorie der Sozialen Demokratie] leitet aus dem normativen Geltungsanspruch der Grundrechte, in einem direkten Bezug zur Empirie und somit zur Praxis demokratischen Handelns, politische Handlungsverpflichtungen und -strategien ab, um die universellen Rechte gegen alle strukturellen

Risiken des modernen Kapitalismus ausreichend zu sichern." (Meyer 2008: 119)

Neben den klassischen Staatsaufgaben innerhalb der Ordnungsfunktionen soll der Staat auch den Zielen der Schaffung von sozialer Gleichheit und sozialer Gerechtigkeit[3] Geltung verschaffen. Der Ausbau des Sozialstaates und die staatliche Intervention in Wirtschaftsfragen stehen oben auf der Liste der Forderungen. Der ungleichen Organisations- und Konfliktfähigkeit gesellschaftlicher Gruppierungen, die den Pluralismus prägt, soll der Staat aktiv begegnen und mithelfen, für die „Waffengleichheit" der verschiedenen Gesellschaftsgruppen zu sorgen. Darüber hinaus wird die Reform der Sozial- und Wirtschaftsordnung angestrebt, die die kapitalistische Marktwirtschaft bändigt, sie sozial flankiert und somit die Voraussetzung für die politische Freiheit aller Staatsbürger schafft. Dem Staat wird hier also eine aktive Rolle zugewiesen, Demokratie für alle zu ermöglichen.

Demokratie, im Sinne der Sozialisten auch zu verstehen als Forderung nach breiter Partizipation an – im weitesten Sinne – politischen Fragen, bezieht sich jedoch nicht lediglich auf das Verhältnis von Bürger und Staat. Vielmehr soll die Partizipation, die Einflussnahme und Mitbestimmung zur Überwindung von Herrschaftsverhältnissen führen und dementsprechend auch in Lebensbereichen jenseits der Staatsaufgaben Anwendung finden. Die Vorstellung von demokratischer Beteiligung

---

3 Für das Verständnis von Gerechtigkeit in der Sozialen Demokratie vergleiche Meyer (2008: 123 f.).

der Schüler und Eltern in Fragen der Schule, der Mitbestimmung der Arbeitnehmer in den Betrieben, der demokratischen Kontrolle des öffentlich-rechtlichen Rundfunks und der Sozialversicherungen etc. bis hin zur Gleichberechtigung in allen sozialen Bezügen prägt die soziale Demokratie. Demokratisierung, also die Übertragung demokratischer Prinzipien auf nicht-staatliche politische Kontexte, steht mit im Kern dieser Position. Die Demokratisierung aller Lebensbereiche, die von Konservativen als unzulässige Politisierung und Effizienzgefährdung sowie aus orthodox-marxistischer Sicht als irrelevante, die Herrschaft des Kapitals nicht überwindende Konzeption abgelehnt wird, ist für die Anhänger des Demokratischen Sozialismus jedoch fundamental.

„Sie sehen in der Mannigfaltigkeit antiautoritärer, antiobrigkeitlicher, auf Selbstorganisation hinzielender Aktionen latent die sozialistische Idee: Abschaffung irrationaler, ausbeuterischer Herrschaft, Herstellung von Gleichheit und Freiheit in allen gesellschaftlichen Lebensbereichen, angelegt. [...] Die Theorie der Demokratisierung [soll] die Herstellung des Sozialismus als Zielperspektive aller demokratischen Einzelaktionen und Modell zum allgemeinen Bewusstsein bringen" (Vilmar 1986: 127).

3.2.4 Partizipative und deliberative Demokratietheorien

Eine stärkere politische Beteiligung der Bürgerinnen und Bürger wird – wenn auch unter anderen Annahmen und mit unterschiedlichen Zielen – von Anhängern partizipativer als auch deliberativer Demokratietheorien gefordert. Den Kern partizipatorischer Demokratietheorien bildet die aktive Beteiligung der Bürger – insbesondere auch unmittelbar an der Gesetzgebung. Partizipative Demokratietheorien stehen konservativen und pluralistischen Demokratietheorien in den Bereichen kritisch gegenüber, wo diese Formen einer repräsentativen Demokratie favorisieren. Sie berücksichtigen jedoch die Annahme einer grundsätzlich heterogenen Gesellschaft. Sie ähneln den Konzepten der sozialen Demokratie, als dass auch sie teilweise die demokratischen Prozesse auf weitere Bereiche des sozialen Lebens ausweiten.

Erste partizipative Demokratietheorien sind in den 1960er und 1970er Jahren entstanden. Sie sind ein Ergebnis von Kritik an der Herrschaftsausübung in modernen (repräsentativen) Demokratien, wie sie Ingeborg Maus (1994: 32 ff.) als „Refeudalisierung" formuliert, beziehungsweise aus der Kritik an der Entfremdung, wie sie Benjamin Barber in Form von Selbstentfremdung und Weltentfremdung anbringt. Ingeborg Maus kritisiert in ihrem Ansatz der Refeudalisierung den Verlust der Volkssouveränität durch eine zunehmende Verselbstständigung von politischen Entscheidungsprozessen. Auf Grundlage der Demokratiekritik (→ Kap. 4.3), die sich aus der eingeschränkten Handlungsmöglichkeit durch Privatisierungen ehemals staatlicher Aufgaben, der Distanzierung von Gesetzesinhalten von den Bürgern durch Spezialisierung und Detailregelungen und der Bindung an inter- und supranationales Recht ergibt, folgert Maus (1994: 34), dass das demokratische System zu einem

„neokorporatistischen Verhandlungssystem" verkommt, in dem Experten und funktionale Eliten herrschen und sich dabei mehr und mehr demokratischer Kontrolle entziehen. Benjamin Barber hebt, in Abgrenzung zu pluralistischen Demokratietheorien und als Kritik an der repräsentativen Demokratie, die Entfremdung von einer allgemeinen Weltsicht und einem gemeinsamen Bürgerstandpunkt hervor, welcher über das individuelle Interesse des Einzelnen hinaus ginge, jedoch durch Wahlen in repräsentativen Demokratien alleine nicht erreicht werden könne (vgl. Weber 2012: 223–232).

So unterschiedlich die Kritik von Barber und Maus an konservativen und pluralistischen Demokratietheorien und ihrer Umsetzung ist, so kommen beide im Sinne einer partizipativen Demokratietheorie zu dem Ergebnis, dass eine stärkere Bürgerbeteiligung notwendig sei, um Volkssouveränität zu erhalten und Gesetze im Sinne eines bürgerschaftlichen Gemeinwillens (→ Kap. 2.3.2) beziehungsweise Gemeinsinns zu beschließen.

„Die Bürger sollen [...] nicht nur im engen Rahmen der repräsentativen Institutionen an der Politik teilhaben, sondern durch bürgerschaftliche Selbstorganisation in sozialen Bewegungen und Bürgerinitiativen auch eigenständig tätig werden, von der Teilnahme an genehmigten Demonstrationen über Unterschriftenaktionen und Protestbriefen bis hin zu zivilem Ungehorsam und symbolischer Gewaltanwendung." (Weber 2012: 223)

Die Beteiligung der Bürger am politischen Prozess erfüllt, je nach Theorie partizipativer Demokratie, eine oder mehrere der von Weber (2012: 223–224) aufgezeigten drei Dimensionen:

- Die *instrumentelle Dimension* von Bürgerbeteiligung zeichnet sich durch die Auswahl und Kontrolle politischer Entscheidungsträger sowie auch inhaltlicher Vorgaben für diese aus.
- Die *transformative Dimension* ergibt sich durch eine erhoffte erzieherische Wirkung der Bürgerbeteiligung. Durch Bürgerbeteiligung soll der Einzelne ein (Verantwortungs-)Bewusstsein für seine Staatsbürgerrolle entwickeln.
- Die *intrinsische Dimension* bürgerlicher Partizipation stellt der Selbstzweck der Ausübung der eigenen positiven Freiheit zum politischen Handeln dar.

Für Maus' Konzept einer partizipativen Demokratie steht die instrumentelle Dimension im Vordergrund. Ähnlich Rousseaus Ansatz zur direkten Demokratie (→ Kap. 2.3.2) steht die Gesetzgebung im Vordergrund. Exekutive und Legislative sollen, möglichst eng an die Gesetzgebung gebunden, jedoch nicht von den Bürgern in Selbstverwaltung und Selbstregulierung ausgeübt werden. Maus sieht hier, anders als Barber, die Fähigkeiten und Bereitschaft der Bürger Selbstverwaltungsaufgaben zu übernehmen als zu gering an. Über Gesetze, die die Allgemeinheit betreffen, soll nach Maus' Vorstellung direktdemokratisch in Abstimmungen entschieden werden. Um die Bürger nicht zu überfordern, sollen für Gesetze, die Detailregelungen darstellen, nur alle vom Gesetz Betroffenen in den Gesetzgebungsprozess eingebunden werden. Solange diese Einbindung jedoch nicht gegeben ist, sei unter bestimmten Umständen gewaltsamer Widerstand gegen diese legitimiert (vgl. Weber 2012: 241–243).

Für Barber spielen neben der instrumentellen Dimension von Bürgerbeteiligung die transformative und die intrinsische Dimension eine zentrale Rolle, um die von ihm beschriebene Entfremdung der Bürger von sich selbst und der Welt zu überwinden. Die praktische Umsetzung einer solchen partizipativen Demokratie kann durch drei Arten von Reformen erreicht werden:

1. Die Stärkung lokaler politischer Einheiten kann aus seiner Sicht erreicht werden, indem *neighborhood assemblies* gegründet werden. In diesen lokalen Versammlungen sollen sich die Bürger zu aktuellen Problemen austauschen, einfache Streitigkeiten lösen und gemeinsame Anliegen in Form von Anfragen an höhere Ebenen formulieren. Der Austausch, nicht notwendigerweise der Konsens stehen im Vordergrund. Langfristig können diese lokalen Versammlungen Entscheidungen für die kommunale bzw. regionale Ebene übernehmen.
2. Um die Bildung von Funktionseliten zu vermeiden, kann eine Ämterrotation eingeführt werden. Jedes Mitglied einer *neighborhood assembly* könnte, zum Beispiel per Los für die nächsthöhere legislative Ebene, einfache Ämter in der Verwaltung oder in Schöffengerichten bestimmt werden.
3. Um die Bereitschaft zur Partizipation der Bürger zu erhöhen, könnten staatliche Maßnahmen ergriffen

werden, welche sowohl städtebaulicher Art, etwa Plätze und Bürgerzentren, als auch allgemeine Bildungsprogramme sein könnten (vgl. ebd.: 242–243).

Kritiker partizipativer Theorien sehen, so Weber (2012: 244–245), das Problem einer Überforderung des Bürgers und Zweifeln die transformative Dimension von Bürgerbeteiligung an, welche den Bürger zu einem intrinsisch motivierten *zoon politicon* formt. In der Betonung des „Gemeinwillens" taucht die schon von Rousseaus Theorie des *volonté générale* bekannte Befürchtung vor totalitären Strukturen auf. Jedoch macht Barber „Einigkeit nicht zur Voraussetzung von Partizipation, wohl aber zu ihrem Ziel." (Ebd.: 244)

Die partizipative Demokratietheorie wird oft als Vorläufer der deliberativen Demokratietheorie gesehen, da diese „am Ideal inklusiver Partizipation fest[halte], […] aber die utopische Hoffnung einer gesamtgesellschaftlichen Demokratisierung auf[gebe] und […] an ihre Stelle die moderatere Forderung nach einer Rationalisierung der Politik [setze]." (Ebd.: 246)

Der Name der deliberativen Demokratie lässt sich auf Joseph Besset zurückführen, welcher diesen in den 1980er Jahren in den Vereinigten Staaten zuerst benutzte. Deliberative Demokratie sollte eine Abkehr von repräsentierenden Funktionseliten hin zu mehr öffentlichen Beratungen werden. Zentrale Vertreter der deliberativen Demokratietheorie, John Rawls und Jürgen Habermas, lehnen in ihren Ansätzen „realistische" Demokratietheorien, welche Demokratie auf Mehrheitsentscheidungen und die Auswahl von Repräsentanten reduzieren, und ökonomische Ansätze, die Demokratie auf die Aushandlung gegebener Interessen beziehen, ab (vgl. Ottmann 2015: 221). Deliberative Demokratie, so Landwehr (2012: 335), sei anders:

„Unter den Bedingungen tief greifender gesellschaftlicher Konflikte und großer Unsicherheit soll durch den Austausch von Argumenten in einem machtfreien Diskurs Verständigung oder sogar ein Konsens erzielt werden, wobei zugleich erwartet wird, dass eine solche Lösung unter sachlichen und moralischen Gesichtspunkten rational ist."

In den deliberativen Demokratietheorien wird als Prämisse davon ausgegangen, dass Bürger fähig sind

- „eigne politische Positionen mit verallgemeinerbaren Argumenten zu begründen und die Argumente anderer auf ihre Schlüssigkeit und Verallgemeinerbarkeit hin zu prüfen",
- sich über den Entscheidungsgegenstand im notwendigen Maße zu informieren,
- „nicht nur den eignen Vor- oder Nachteil im Auge [zu] haben, sondern auch das Wohl der Gemeinschaft sowie moralische Grundsätze" (ebd.: 360 f.)
- und Willens sind sich am Austausch in Form der Deliberation zu beteiligen.

„*Deliberation* bezeichnet die argumentative Suche nach und die Gewichtung von Gründen für und gegen Handlungsoptionen durch eine Gruppe." (Hervorhebung im Original, ebd.: 360). Deliberation kann allgemein in der autonomen Öffentlichkeit (Habermas) oder auch konkret in Parlamenten und Institutionen, wie geplanten Bürgerbeteiligungs- und Mediationsverfahren (Dryzek), stattfinden. Insbesondere für demokratietheoretische Überlegungen in überstaatlichen Institutionen, spielt die deliberative Demokratietheorie eine wichtige Rolle. Damit Deliberation optimal gelingen kann, werden verschiedene normative Bedingungen an diese gestellt, an welchen sich eine Demokratie in ihrer Umsetzung messen lassen muss.

- Der Kommunikationsprozess muss, als Diskurs im Sinne Habermas, gewalt- und machtfrei gestaltet werden, das heißt, dass dem Gegenüber keine Sanktionen angedroht werden dürfen,
- im Kommunikationsprozess sollen alle die gleichen Möglichkeiten erhalten, ihre Beiträge und Überlegungen einzubringen und berücksichtigt zu werden.
- Hierbei sollte der Austausch offen für alle Probleme und Fragestellungen sein und
- keine gesellschaftliche Teilgruppe darf vom Prozess ausgeschlossen werden.
- Der Austausch soll öffentlich ausgetragen werden, damit die Verallgemeinerbarkeit der Argumente und Ergebnisse für die Gesellschaft gesichert und überprüft werden kann.

Für Habermas erfüllt die Deliberation in der autonomen Öffentlichkeit den Zweck das „Richtige" zu ermitteln, welches sich in einem Konsens aller beteiligten und nicht in einem Kompromiss widerstreitender Interessen darstellt. Dieser Konsens wird nachfolgend in die staatlichen Verwaltungen durch demokratische Verfahren wie Wahlen und Abstimmung überführt. Der Konsens der Öffentlichkeit über Richtiges und Falsches bildet gleichzeitig ein allgemeines Korrektiv für das Handeln von staatlichen Institutionen, da sich diese an diesem Maßstäben messen lassen und ihr Handeln begründen müssen (vgl. Mühleisen 2015: 122; Landwehr 2012: 362–366).

Die Annahme, dass „Entscheidungen [...] nach einer Deliberation also zugleich demokratischer legitimiert und mit größerer Wahrscheinlichkeit rational, gerecht oder problemadäquat als ohne Deliberation [sind]" (Landwehr 2012: 366), wird von Kritikern der deliberativen Demokratietheorie bezweifelt. Schon die Prämissen, dass die an der Deliberation beteiligten Bürger bereit sind ihre eignen Interessen im Rahmen des Prozesses zu verändern und einen verallgemeinerbaren Konsens als richtig zu erkennen und mitzutragen, werden hinterfragt. Auf der anderen Seite stehen Kritiker, die davon ausgehen, dass Bürger ihre Position in der Deliberation anpassen und gerade hier die Gefahr lauert, dass die Bürger manipuliert werden, was verheerende Folgen für das Ergebnis der Deliberation haben könnte (→ Kap. 4.3.2).

Ein weiterer Kritikpunkt bildet die kontrafaktische Inklusion aller Bürger. Die Regeln, die an den Diskurs in der Deliberation gestellt werden, können nicht von allen Bürgern (gleich gut) erfüllt werden. So werden Bürger benachteiligt, die ihre Argumente nicht rational und verallgemeinerbar formulieren können, Argumente der Gegenseite nicht verstehen können oder kein Gehör finden. Unklar bleiben auch der Maßstab zur Bewertung

‚besserer' oder ‚schlechterer' Argumente im Ringen um den Konsens sowie die Möglichkeiten zum Ausschluss metaphysischer oder religiöser Doktrinen (vgl. ebd.: 373; Mühleisen 2015: 122; Ottmann 2015: 229–232). Es lässt sich zusammenfassen, dass sowohl die deliberativen als auch die partizipativen Demokratietheorien von Bürgerinnen und Bürger ein hohes Maß – Kritikern nach ein zu hohes Maß – an reflektierter Teilnahme an politischen Prozessen abfordern, um dem Ziel der Durchsetzung des Gemeinwillens (partizipative Demokratie) bzw. dem eines über den Entstehungsprozess legitimierten Konsenses (deliberative Demokratie) näher zu kommen.

3.2.5 Systematisierung zeitgenössischer Demokratietheorien

Innerhalb der skizzierten Demokratietheorien lässt sich eine Vielzahl von unterschiedlichen Ausgestaltungen finden und über diese hinaus gibt es eine Vielzahl weiterer Demokratietheorien. Die Theorien stehen nicht komplett unabhängig voneinander, sondern bauen zum Teil aufeinander auf, gleichen sich in einigen ihrer Annahmen und Folgerungen, in anderen divergieren sie jedoch oder ziehen andere Schlüsse für ihr ideales Konzept von Demokratie.

Um die Demokratietheorien zu strukturieren, könnte man diese entsprechend ihres Entstehungszeitraums anordnen, um die Entwicklung von Demokratietheorien nachvollziehen zu können. Auf diese Weise blieben jedoch die angesprochenen Ähnlichkeiten verborgen und es könnte der Eindruck einer linearen Entwicklung von Demokratietheorien entstehen.

Einen anderen Weg gehen Lembcke et al. 2012b, welche zeitgenössische Demokratietheorien in eine zweidimensionale Darstellung eingeordnet haben. Der Raum wird hier von zwei Achsen aufgespannt, welche zentrale Annahmen in den Demokratietheorien widerspiegeln (siehe Abb. 3.2).

Die x-Achse stellt als Kontinuum die Rechtedimension dar. Auf der einen Seite steht die Betonung der negativen Freiheitsrechte in der Demokratietheorie und auf der anderen die Betonung positiver Freiheitsrechte. Lemcke et al. (2012b) beziehen sich mit dieser Systematisierung auf eine Unterscheidung, die schon bei Benjamin Barber (1984) zu finden ist. Er unterscheidet in seinem Werk „Strong Democracy" zwischen *thin democracy* und *strong democracy*. In *thin democracies* dominiert das Konzept der negativen Freiheit mit der Betonung der Abwehrrechte des Bürgers gegenüber dem Staat. Der Bürger muss in gewisser Weise vor der Macht des Staates bzw. der Herrschaft der Mehrheit durch entsprechende verfassungsrechtliche Regelungen geschützt werden. Eine solche Position wird zum Beispiel in der oben beschrieben konservativen Demokratie und dem demokratischen Pluralismus deutlich. *Strong democracies* sehen weniger die Abwehrrechte als die positive Freiheit im Mittelpunkt der Demokratie. Die Menschen nehmen aktiv an der Politik teil und handeln politisch entsprechend ihrer Rechte. Wie in der skizzierten sozialen Demokratietheorie und der partizipativen Demokratie-

3 Demokratie heute 113

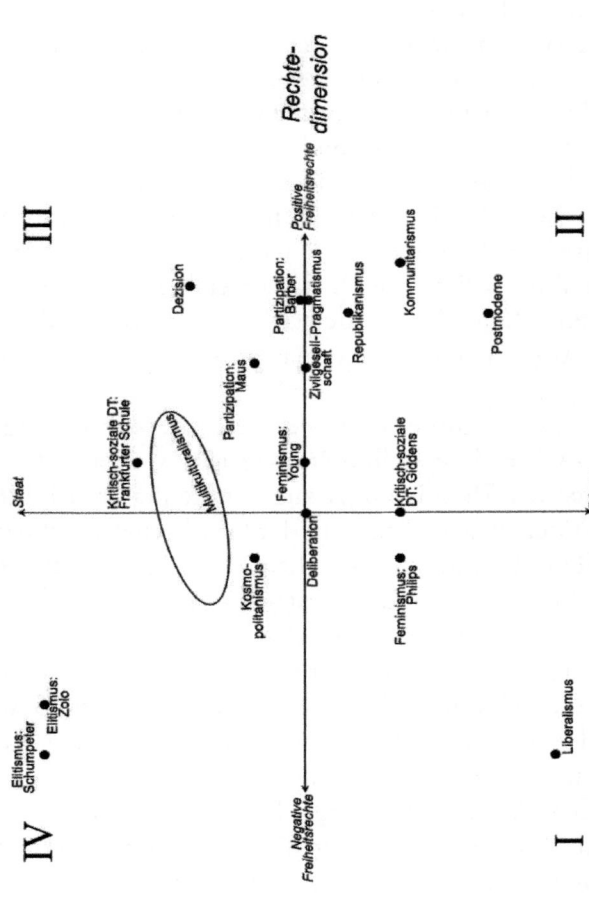

Abb. 3.2 Die zweidimensionale Darstellung des Raumes der zeitgenössischen normativen Demokratietheorie entlang der Rechte- und der Präferenzdimension (Quelle: Lembcke et al. 2012b: 24)

theorie steht die Ausweitung demokratischer Verfahren auf verschiedene Lebensbereiche mehr und mehr im Vordergrund. (Vgl. Lembcke et al. 2012b: 16–19) Eine Mittelposition zwischen den Modellen der *thin democracy* und der *strong democracy* nimmt das skizzierte Modell der deliberativen Demokratie ein. „Es übernimmt von Ersterem die starke Stellung des Rechtes im demokratischen System und von Letzterem die normative demokratische Leitidee der Identität von Rechtsautoren und Rechtsadressaten [...]" (ebd.: 21). Die kommunikative Rationalität, durch das Erreichen einer intersubjektiven Übereinkunft (der „zwanglose Zwang des besseren Argumentes", Habermas 1984: 161) wird in den Mittelpunkt gestellt.

Die zweite Dimension, welche in der Abbildung an der y-Achse dargestellt wird, bezieht sich auf die Annahmen der Theorien in Bezug auf die Präferenzbildung und Präferenzgewichtung in der Gesellschaft. Auf der einen Seite des Spektrums steht die Annahme, „dass sich die Präferenzen, die demokratisch umgesetzt werden, im Bürger selbst ausbilden und das sie dem politischen Prozess vorgängig sind", auf der anderen Seite die Annahme, „dass die relevanten Interessen im politischen System gebildet werden und die Präferenzen der Bürger damit nur eine sehr geringe inhaltlich steuernde Bedeutung für den demokratischen Prozess besitzen" (Lembcke et al. 2012b: 25). Betrachten wir die skizzierten Demokratietheorien, so finden wir die konservative Demokratietheorie, welche die Rolle des Staates hervorheben, wo hingegen in der pluralistischen Demokratietheorie die Rolle des Bürgers überwiegt. In sozialen Demokratietheorien überwiegt eher die Rolle des Bürgers, jedoch spielt auch das politische System eine Rolle, wo hingegen in der partizipativen Demokratietheorie und der deliberativen Demokratietheorie sowohl der Bürger als auch das institutionelle Verfahren zur Entscheidungsfindung bedeutsam sind.[4]

> **Zum Nach- und Weiterdenken**
>
> Wie stehen entsprechend der pluralistischen, der konservativen, der sozialistischen und der deliberativen Demokratietheorie Staat und Gesellschaft zueinander? Verdeutlichen Sie es sich bildlich.
>
> Wie bewertet ein Anhänger der konservativen Demokratietheorie die politische Partizipation von Bürgern und Interessensorganisation? Wie sieht dies ein Vertreter der pluralistischen Theorie? – Und was meinen Sie selbst dazu?

3.3 Demokratische Staats- und Regierungsformen

Standen im vorigen Abschnitt demokratietheoretische bzw. -ideologische Aspekte im Vordergrund, die die

---

[4] Je nach Fokus können nun weiterer normative Demokratietheorien, welche Lembcke et al. 2012b in der Abbildung eingeordnet haben, untersucht werden. In Lembcke 2012a finden sich zu den einzelnen Theorien hilfreiche und übersichtliche Darstellungen. (Vgl. den kommentierten Literaturhinweis in diesem Buch.)

Zielsetzung, Reichweite und Begründung der Demokratie betreffen, so wird im Folgenden skizziert, wie die praktische Umsetzung von Demokratie erfolgen kann. So lassen sich vielfältige Gestaltungen von Demokratie erkennen und gibt es immer verschiedene, länderspezifische Eigenheiten in der Form der Politik, der *polity*. Trotz dieser Vielfalt lassen sich jedoch einige wichtige Gestaltungsmuster identifizieren, die sich dann zu Typologisierungen der Formen eignen.

3.3.1 Direkte Demokratie und repräsentative Demokratie

In Kapitel 2 wurden bei der Vorstellung unterschiedlicher Vordenker politischer Systeme unter anderem der Schweizer Jean-Jacques Rousseau und der Engländer John Stuart Mill benannt, die mit ihren Vorstellungen zur Demokratie sehr unterschiedliche Modelle verknüpften.

Rousseau wendet sich mit seiner Idee gegen die Gewaltenteilungslehre von Montesquieu. Diese mache aus dem Staatsoberhaupt ein phantastisches, zusammengestückeltes Wesen, so als könne man den Menschen aus mehreren Körpern zusammensetzen. Er müsse stattdessen als ein organisches Ganzes verstanden und behandelt werden, und so auch der Staat.

„[Rousseau] versucht eine absolut rational-logische politische Theorie zu entfalten […] auf dem Boden der Freiheitsphilosophie der Aufklärung. Alle Staatsgewalt muss strikt und direkt aus einem Prinzip abgeleitet werden. Dieses Prinzip ist die Volkssouveränität. Sie gilt unveräußerlich und ist nicht delegierbar auf Repräsentanten und auf eine diesen gegenüberstehende Exekutive. Der Volkssouveränität muss alle Staatshoheit zukommen. In ihr ist alle Gewalt begründet und zusammengefasst. Die Gewalt kann daher nicht geteilt werden, sondern muss im Gegenteil konzentriert werden. Die einzelnen staatlichen Akte haben keine eigene Qualität, sie sind nur Ausfluss der einen, unteilbaren und unveräußerlichen souveränen Gewalt" (Schwan 1991: 219 f.).

Im Verlauf seiner philosophisch-politischen Betrachtung kommt Rousseau zu dem Schluss, dass die gesetzgebende Körperschaft und damit zugleich das Staatsoberhaupt daher die Volksversammlung sein müsse, und zwar als Vollversammlung aller stimmfähigen Bürger, niemals dagegen in der Form einer Vertretungskörperschaft. Das Volk soll also direkt über seine Geschicke befinden.

Aus philosophischen wie auch aus praktischen Gründen favorisiert und begründet John Stuart Mill hingegen ein Repräsentativsystem. Das Volk soll in Wahlen unabhängige Vertreter ins Parlament entsenden, die für die Dauer ihrer – begrenzten – Amtszeit die Aufgaben der Gesetzgebung und der Kontrolle der Regierung übernehmen. Das Parlament soll in einem „Querschnitt aller Intelligenzschichten innerhalb des Volkes" die unterschiedlichen Bedürfnisse und Interessen in kontroversen Diskussionen so weit abklären, dass sie durch kontrollierte Beauftragte in politische Entscheidungen umzusetzen sind (vgl. Göhler/Klein 1991: 462).

Mill will eine repräsentative Demokratie „in der alle

und nicht nur die Mehrheit vertreten sind, in der die Interessen, Meinungen und Intelligenzgrade, die zahlenmäßig unterlegen sind, dennoch gehört werden und Aussicht haben, aufgrund der Überzeugungskraft von Argumenten und des Ansehens der sie vertretenden Persönlichkeiten Einfluss zu erlangen, den sie ihrer nummerischen Stärke nach nicht beanspruchen könnten – eine solche Demokratie, die allein gleich, allein unparteiisch, allein die Regierung aller durch alle und die einzig wahre Form von Demokratie ist" (Mill, zit. in Göhler/Klein 1991: 463 f.).

In wohl keinem real existierenden politischen System wurden diese beiden stark philosophisch geprägten Vorstellungen in Reinform übernommen. Gleichwohl dient die Unterscheidung von direkter Demokratie und repräsentativer Demokratie zum Vergleich von Staaten.

Die Bundesrepublik Deutschland ist zumindest auf Staatsebene besonders stark repräsentativdemokratisch geprägt. Mit Ausnahme der Verabschiedung einer neuen Verfassung, die das zunächst als Provisorium gedachte Grundgesetz nach der gesamtdeutschen Einigung ersetzen soll[5] sowie bei einer Neugliederung des Bundesgebietes, sind keine direktdemokratischen Abstimmungen vorgesehen. Das Volk überträgt in Wahlen seinen Repräsentanten quasi alle politischen Aufgaben: Kanz-

---

5 Die deutsche Einigung wurde 1990 durch einen Beitritt der ehemaligen DDR bzw. ihrer neuen Gliedstaaten vollzogen. Im Zuge des Vereinigungsprozesses wurde auch das Grundgesetz überarbeitet, jedoch nicht durch eine neue Verfassung ersetzt und somit auch nicht dem Volk zur Abstimmung vorgelegt.

lerwahl, Bundespräsidentenwahl, Verfassungsänderungen, Regierungskontrolle, Einbringung von Gesetzesvorschlägen, Gesetzgebung etc. Die nach dem Beitritt der ehemaligen DDR notwendige und durchgeführte Grundgesetzaktualisierung schloss nochmals die von mehreren Parteien geforderte Stärkung direktdemokratischer Abstimmungen aus. Auf Länder- und insbesondere Kommunalebene sind hingegen in unterschiedlichem Maß auch direktdemokratische Elemente vorhanden (Direktwahl des Bürgermeisters, Bürgerentscheid in Kommunen, Volksentscheid in Ländern).

Neben der Bundesrepublik gibt es noch weitere Staaten, in denen die Formen der Repräsentativdemokratie besonders stark sind: die Beneluxstaaten, Israel, Griechenland, Japan und andere. In einer anderen Gruppe von Staaten, die zwar schwerpunktmäßig repräsentativdemokratisch sind, sind direktdemokratische Verfahren in einzelnen Bereichen obligatorisch (Muss) oder fakultativ (Kann). In Frankreich müssen z. B. Verfassungsänderungen dem Referendum unterworfen werden. In Italien gibt es fakultative Referenden für Gesetzgebung, Verfassungsänderung sowie die Gesetzesinitiative. Referenden sind u. a. weiterhin möglich in Australien, Neuseeland, Dänemark, Irland.

Die stärkste direktdemokratische Orientierung hat immer noch die Schweiz. Während in der vorgenannten Ländergruppe sich die Referenden und Plebiszite auf Grundsatzfragen und besonders wichtige Angelegenheiten beschränkt, können in der Schweiz auch einfache Gesetze dem Referendum unterworfen werden. Für weitere Bereiche (z. B. Verfassungsänderungen, Mitgliedschaft in internationalen Organisationen) ist in der Schweiz das Referendum obligatorisch.

Die Möglichkeiten des Volkes als Souverän Einfluss auf die Politik zu nehmen sind in den verschiedenen Demokratien sehr unterschiedlich ausgeprägt. In repräsentativdemokratischen Staaten überträgt das Volk in Wahlen den Abgeordneten ein Mandat, die Interessen der Bevölkerung treuhänderisch wahrzunehmen. In direktdemokratischen Staaten entscheidet das Volk in Plebisziten und Referenden über Grundsatzentscheidungen und Gesetze selbst. In vielen Staaten sind die direktdemokratischen Entscheidungen auf nur wenige bedeutsame Bereiche (wie Verfassungsänderungen) beschränkt.

3.3.2 Parlamentarisches und präsidentielles System

Für Montesquieu war es – wie ausführlich diskutiert – eine Kernfrage seiner politischen Überlegungen, wie die Machtkonzentration beim Monarchen aufgebrochen und die Herrschaft auf verschiedene Gewalten verteilt werden konnte. Die Kompetenzen der einzelnen Gewalten sollten einerseits geteilt und – um Hemmungen und Gegengewichte einzubauen – die Macht andererseits verschränkt werden. Für die Verteilung und Verschränkung von Macht gibt es verschiedene Gestaltungsmöglichkeiten, die im institutionenkundlich-orientierten Vergleich in die beiden Grundformen der präsidentiellen Demokratie (auch Präsidialform oder Präsidentialismus genannt) und der parlamentarischen Demokratie

(Parlamentarismus) unterschieden werden. Gemeinsam ist diesen beiden Formen, dass es ein Parlament gibt, das über legislative Aufgaben verfügt, das Haushaltsrecht besitzt (Entscheidungskompetenz über die Einnahmen und Ausgaben des Staates) sowie die Kontrolle der Regierung übernimmt.

Die Unterschiede zwischen parlamentarischer und präsidentieller Demokratie liegen im Verhältnis von Parlament und Regierung, wobei die gegenseitige Unabhängigkeit bzw. Abhängigkeit den Differenzierungsschwerpunkt bildet.

In der parlamentarischen Demokratie ist die Regierung vom Vertrauen und von der Unterstützung der Parlamentsmehrheit abhängig. Die Regierung (oder auch nur der Regierungschef) werden vom Parlament gewählt und sie (er) kann auch vom Parlament wieder abberufen werden. Diese Koppelung der Regierung an das Parlamentsvertrauen bedeutet, dass auch die Amtszeit der Regierung von der Legislaturperiode abhängig ist, d. h. nach Wahlen und somit neuer Zusammensetzung des Parlaments muss die Regierung bzw. der Regierungschef neu gewählt werden.

Die Regierung ist grundsätzlich von der Parlamentsmehrheit abhängig, in der Regel entstammen der Regierungschef sowie die Minister dem Parlament, sind vielfach wichtige Funktionsträger einer Partei, die entweder allein oder mit einem Koalitionspartner die Mehrheit bildet. Die Fraktionen der Parlamentsmehrheit tragen in der Regel im eigenen Interesse Sorge für die Stabilität und das Überleben der Regierung. Um aber eine funktionsfähige Regierung zu erhalten, die nicht bei jedem Gesetzesvorhaben, bei jedem Haushaltsstreit oder bei anderen Problemen sich aufs Neue ihre parlamentarische Mehrheit sichern muss, ist es notwendig, dass die Parteien und ihre Parlamentsfraktionen möglichst geschlossen hinter ihrer Regierung stehen, sie vor Angriffen seitens der Opposition schützen und ihr Handlungsfähigkeit durch geschlossenes Auftreten der Parlamentarier sichern.

So steht dann nicht die Regierung gegen das Parlament, sondern Regierung und Parlamentsmehrheit halten zusammen gegen die Parlamentsminderheit, die Opposition. Die Opposition wird versuchen, im Parlament auf Schwächen und Fehler der Regierung und ihrer Parlamentsmehrheit hinzuweisen, und sie wird eigene Vorstellungen öffentlich als Alternative zur Regierungsarbeit hervorzuheben, jeweils mit dem Ziel, der Wahlbevölkerung sich als „bessere Wahl" zu zeigen, beim nächsten Elektorat eine neue Mehrheit zu gewinnen und dann selbst die neue Regierung zu stellen.

Das parlamentarische System baut dementsprechend auf starke Parteien, die die wichtigen Funktionen der Regierungsbildung und -stützung bzw. der Opposition – als allzeit bereite Alternative – ausfüllen.

Parlamentarische Demokratien zeichnen sich auch durch die Besonderheit aus, dass es neben dem Regierungschef (Kanzler, Premierminister, Ministerpräsident) noch ein Staatsoberhaupt mit allerdings begrenzten Kompetenzen gibt. In der Bundesrepublik gibt es den Bundeskanzler als Regierungschef und den Bundespräsidenten als Staatsoberhaupt. In Großbritannien sind es der Premierminister und der König bzw. die Königin.

Demokratien mit einem gekrönten Staatsoberhaupt, wie sie z. B. in Großbritannien, den Niederlanden, Belgien, Schweden, Norwegen, Spanien bestehen, werden „konstitutionelle Monarchien" genannt.

Im Präsidentialismus besteht diese Art der Abhängigkeit des Präsidenten und seiner Regierung vom Parlament nicht. Der Präsident wird nicht vom Parlament berufen und kann auch grundsätzlich nicht aus politischen Gründen von diesem abberufen werden. Die Legitimität des Präsidenten besteht also auch nicht via Parlament, sondern gründet sich auf eine Direktwahl durch das Volk (eine Ausnahme bildet hier das US-amerikanische System, in dem eine indirekte Wahl durch Wahlmänner erfolgt, diese erhalten jedoch vom Volk einen spezifischen Wahlauftrag). Die Amtszeit des Präsidenten ist demnach auch nicht abhängig von den Legislaturzeiten des Parlaments, sondern sie ist in der Verfassung normiert. In den USA gilt für den Präsidenten eine Amtsperiode von vier Jahren und es ist nur eine einmalige Wiederwahl möglich. Die maximale Regentschaft ist also auf acht Jahre begrenzt.

Das Volk wählt also (mindestens) zweimal: a) das Parlament und b) den Präsidenten. In diesen Wahlen wird einmal über die Zusammensetzung der Legislative entschieden und zum zweiten der Chef der Exekutive berufen. Anders als im parlamentarischen System sind Parlament und Regierung bei der Ausführung der Gewalten nicht verschränkt tätig, sondern Legislative und Exekutive sind weitgehend getrennt.

Wiederum im Unterschied zur parlamentarischen Demokratie besteht auch keine doppelte, sondern eine monistische Exekutive: Der Präsident ist gleichzeitig Regierung und Staatsoberhaupt.

In einem solchen System, in dem der Präsident vom Parlament getrennt agiert (und gleichwohl von ihm abhängig ist, z. B. von den Gesetzesbeschlüssen und der Haushaltsbewilligung), ist es auch nicht notwendig, dass im Parlament geschlossen agierende Parteien „ihre" Regierung schützen und stützen. Es ist vielmehr – besonders deutlich in den USA – festzustellen, dass die Parteien insgesamt locker gefügt sind, keine bzw. kaum Fraktionsdisziplin besteht und auch keine durchgängige, programmatisch untermauerte Leitlinie der Parteien und Fraktionen vorzufinden ist.

Es wäre jedoch ein Trugschluss, wenn von den Begriffen parlamentarisches und präsidentielles System direkt auf eine besondere faktische Machtfülle beim Parlament und beim Präsidenten gefolgert würde. Mit einigen Vorbehalten kann man fast vom Gegenteil ausgehen: Im Parlamentarismus sind vielfach starke Regierungen vorzufinden, die rückgreifend auf ihre „folgsame" Parlamentsmehrheit sehr selbstbewusst agieren. Hingegen muss im präsidentiellen System der Präsident häufig gegen ein locker gefügtes Parlament mit wechselnden Mehrheiten aktiv werden, sich seinen Haushalt bewilligen lassen und mit verschiedenen Widerständen kämpfen. Während im parlamentarischen System der Bundesrepublik Deutschland eine Kanzlerdominanz bis hin zur Kanzlerhegemonie festzustellen ist, ist sich der US-amerikanische Kongress seiner Machtfülle sicher. Im Herbst 2013 verweigerte der Kongress dem Präsidenten Haushaltsmittel, so dass für 16 Tage Staatsbedienstete ohne

Gehalt einen „Zwangsurlaub" nehmen mussten und öffentliche Einrichtungen geschlossen wurden. Eine so starke Konfrontation ist in parlamentarischen Demokratien kaum möglich.

Der wichtige Unterschied zwischen Parlamentarismus und Präsidentialismus ist die verschiedene Konflikt- und Kontrolllinie zwischen Exekutive und Legislative. Im Präsidentialismus liegt sie entsprechend der Vorstellung von Montesquieu zwischen den beiden Gewalten, was sich wie folgt darstellen lässt:

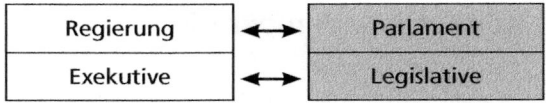

Abb. 3.3 Konfliktlinie im Präsidentialismus

Im Parlamentarismus ist die Regierung von der Parlamentsmehrheit abhängig, wird von ihr gestützt und geschützt, während die Opposition als Parlamentsminderheit die Kontrollaufgaben in besonderem Maße wahrnimmt. Dies sieht grafisch folgendermaßen aus:

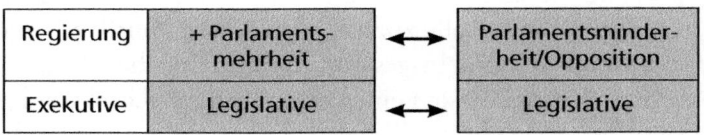

Abb. 3.4 Konfliktlinie im Parlamentarismus

Zwischen den beiden Formen der präsidentiellen und parlamentarischen Demokratie gibt es auch eine Mischform, die als Semi-Präsidentialismus bezeichnet wird. Auch hier wird – wie z. B. in Frankreich oder Polen – der Präsident als Staatsoberhaupt vom Volk direkt gewählt und hat der Präsident nicht unerhebliche exekutive Befugnisse. Allerdings ist die von ihm abhängige Regierung unter der Führung eines Ministerpräsidenten gleichzeitig auch abhängig vom Vertrauen im Parlament.

3.3.3 Konkurrenz- und Konkordanzdemokratie

In vielen westlichen Staaten ist das demokratische Procedere konkurrenzdemokratisch organisiert. Parteien streiten argumentativ und bezugnehmend auf Ideologien, Programme und (mehr oder minder) konkrete Wahlaussagen um die Zustimmung des Wahlvolkes. Von dieser Zustimmung hängt es dann ab, welche Partei(en) im Parlament über die Mehrheit verfügt, die dann genutzt wird, um die eigenen Ziele zu erreichen. Großbritannien hat ein besonders ausgeprägtes konkurrenzdemokratisches Profil: Die Unterhausmehrheit stützt ihre Regierung, erlässt die Gesetze und vollzieht die Politik, während der Opposition die Rolle zufällt, gegen diese Politik zu argumentieren. Es gilt insgesamt das Prinzip: die Mehrheit setzt sich durch. Nach einem Regierungswechsel werden die Karten wieder völlig neu gemischt, die neue Mehrheit prägt die Politik nach ihren Vorstellungen und mit Verweis auf das Wählervotum.

Parteien stehen in deutlicher Konkurrenz zueinander, die Mehrheiten entscheiden, die Minderheiteninteressen werden überstimmt. Ein so geprägter politischer Prozess hat besonders dort gute Umsetzungschancen, wo es eine relativ homogene politische Kultur gibt, ein Zweiparteien-System vorliegt, das Mehrheitswahlrecht gilt und das Wettbewerbsprinzip vorherrscht. Dies trifft vor allem auf die englischsprachigen Demokratien in Industriestaaten zu. Politische Stabilität, Überlebensfähigkeit und Leistungsfähigkeit werden diesem System attestiert.

Ein solches konkurrenzdemokratisches System stößt aber dort an seine Grenzen, wo nicht Homogenität (Gleichartigkeit), sondern Heterogenitäten (Ungleichartigkeiten) den Staat prägen und mit einem Mehrheitsprinzip die abweichenden Interessen starker Minderheiten immer wieder unterdrückt und niedergestimmt würden. Solche starken Heterogenitäten finden sich z. B. in Staaten mit mehreren Sprach- und Volksgruppen wie in Belgien (Flamen, Valonen und deutsche Minderheit) oder der Schweiz (deutsch-, italienisch-, französisch- und rätoromanischsprachige und -geprägte Landesteile). Ferner können die Heterogenitäten in religiösen Unterschiedlichkeiten (Katholiken vs. Protestanten) liegen oder – wie in den Niederlanden – infolge von ökonomischen Entwicklungs- und Strukturproblemen und gesellschaftlichen Veränderungen entstehen, die „Versäulungen" der Gesellschaft nach sich zogen. Wenn hier die Minderheiten aufgrund konkurrenzdemokratischer Prozesse ständig vom politischen Einfluss ausgeschlossen blieben, würden starke Gefahren für den politischen und sozialen Frieden entstehen.

In solchen Staaten wird keine Konkurrenzdemokratie, sondern eine Konkordanzdemokratie[6] umgesetzt, in der die Minderheiten wirkungsvoll und mit gesicherten Teilhabe- und Vetorechten an den Entscheidungsprozessen beteiligt werden.

Im Vorfeld von notwendigen Entscheidungen setzt hier ein intensiver Aushandlungsprozess ein, in dem die Interessen der verschiedenen Gruppen Berücksichtigung finden. Das gütliche Einvernehmen hat hier einen hohen Stellenwert. Minderheitenschutz wird über Minderheitenbeteiligung verwirklicht. Diese Minderheitenbeteiligung kann im informellen politischen Prozess angesiedelt sein, indem die gesellschaftlichen Gruppierungen ausgiebig angehört und deren Meinungen von Parlament und Regierung aufgenommen werden. Sie kann aber auch im formalen Bereich ihren Niederschlag finden, indem durch festgelegte Proporz- und Paritätsregeln bei der Besetzung öffentlicher Ämter die maßgeblichen Gruppen Berücksichtigung finden. So war beispielsweise die schweizerische Regierung, der Bundesrat, seit 1959 bis 2003 in einer nahezu gleichbleibenden Konstellation tätig. Hier wurde die „Zauberformel" 2:2:2:1 angewandt: Je zwei Bundesratssitze gingen an die Sozialdemokratische Partei, die Freisinnig-demokra-

---

6 Das Grundwort Konkordanz stammt vom lateinischen concordare = übereinstimmen. Konkordanzdemokratien sind also Übereinstimmungsdemokratien, in denen charakteristische Kompromisstechniken zur Herbeiführung eines Konsenses angewandt werden. Deshalb wird auch vielfach von Verhandlungsdemokratie gesprochen.

tische Partei, die Christlichdemokratische Volkspartei der Schweiz und der verbleibende Sitz an die nächstgrößte Partei, meist die Schweizerische Volkspartei (vgl. Lehner/Widmaier 2002: 136). 2003 verlor die Christlichdemokratische Volkspartei einen Sitz, welchen bis heute (mit kurzer Unterbrechung) die Schweizerische Volkspartei hinzugewinnen konnte.[7]

Der Konsens, aufbauend auf die ausgefeilten Techniken der Kompromissbildung, hat in Konkordanzdemokratien einen höchsten Stellenwert und wird mit großer politischer Stabilität und einer hohen Kapazität zur Integration unterschiedlicher gesellschaftlicher Gruppierungen belohnt. Tief verwurzelte gesellschaftliche Konflikte werden so geregelt und unter Kontrolle gehalten.

Gleichwohl ist auch die Konkordanzdemokratie nicht ohne Probleme, die aber an dieser Stelle nur kurz skizziert werden können:

- Der von den Gruppeneliten getragene Prozess der Kompromissbildung findet weitgehend unter Ausschluss der Öffentlichkeit statt. Ein Elitennetzwerk etabliert sich, das die Kompromisse so festzurrt, dass ein anderer Problemlösungsansatz weder vom Parlament noch von einem Referendum durchgesetzt

---

[7] 2008 kam es zur Abspaltung von Teilen der Bürgerlich-Demokratischen Partei Schweiz (BVP) aus der SVP, so dass die „Zauberformel" bis 2015 zunächst ausgesetzt wurde. Über den aktuellen Stand unterrichten die Internet-Seiten des Schweizerischen Bundesrats www.admin.ch/.

werden kann. Hierdurch können Transparenz- und infolge dessen auch Legitimitätsprobleme entstehen.
- Die Konsenszwänge lassen erhebliche Abweichungen vom Status quo (dem gegenwärtigen Zustand) nur schwer zu. Innovationen lassen sich somit nur selten oder zumeist mit einem großen Zeitaufwand verbunden verwirklichen (Spötter sprechen mit Blick auf die schweizerische Konkordanzdemokratie auch gern von der „helvetischen Verzögerung"). Entscheidungsvertagungen sind nicht selten.

Lehner/Widmaier (2002: 140) kommen somit zum Fazit: „Breite Interessenberücksichtigung und hohe Konfliktminimierung können häufig nur auf Kosten der Innovationsfähigkeit ‚maximiert' werden".

Versucht man die Bundesrepublik Deutschland in der Differenzierung von Konkurrenz- und Konkordanzdemokratie unterzubringen, so fällt die Zuordnung schwer. Denn einerseits findet man Merkmale der Konkurrenzdemokratie, wie z. B. die Mehrheitsentscheidungen im Parlament, das für die Konkurrenzdemokratien typische Fehlen von Plebisziten, die (zumindest auf Bundesebene) seltenen Großen Koalitionen (Ausnahmen bilden die Jahre 1966–1969, 2005–2009 und 2013–2017) oder auch die Bedeutung der Parlamentswahlen für die Regierungsbildung. Andererseits sind aber auch politische Prozesse beobachtbar, die auf Ähnlichkeiten zur Konkordanzdemokratie verweisen: parteiübergreifende Kompromissbildungen zwischen Bundestag und Bundesrat, deutliche Formen des Neo-Korporatismus (→ Kap. 3.4.3) in der „kleinen" Politik wie auch bei großen

Problemen, hier verkörpert durch die „Konzertierte Aktion" – als Ende der 60er Jahre Unternehmer, Gewerkschaften, Regierung und Länder kooperativ die ersten wirtschaftlichen Krisen der BRD lösen wollten und auch die Einigungsprozesse zwischen den Bundesländern, z. B. in der Schulpolitik, zeigen deutlich konkordanzdemokratische Ausprägungen.

Es ist insbesondere das Verdienst des Politologen Arend Lijphart (1984; 2008; 2012), für die Vergleichende Politikforschung eine quantitative Methode entwickelt zu haben, die es ermöglicht, verschiedene Demokratien nach messbaren Kriterien zu unterscheiden und zu vergleichen.

Lijphart will die Demokratien auf einer Skala unterscheiden, an deren Enden einerseits die „Reine Mehrheitsdemokratie" und andererseits die „Reine Konsensusdemokratie"[8] stehen. Als Kriterien für diese beiden Kategorien nennt Schmidt (2010: 319f.) für die Mehrheitsdemokratie, z. B. die Konzentration der Exekutivmacht in den Händen einer allein regierenden Mehrheitspartei, die Dominanz der Exekutive gegenüber der Legislative, ein Mehrheitswahlrecht oder ein damit einhergehendes Zweiparteiensystem, und für die Konsen-

---

8 Der Unterschied der Konsensus- zur Konkordanzdemokratie liegt darin, dass die Konsensusdemokratie zahlreiche Anreize zur Machtteilung enthält, während die Konkordanzdemokratie diese Machtteilung erfordert und vorschreibt, dass alle wichtigen Gruppen hierbei berücksichtigt werden. Die Konsensusdemokratie erleichtert die Autonomie von Gesellschaftssegmenten, während die Konkordanzdemokratie eine solche Autonomie weitgehend voraussetzt.

susdemokratie, z. B. die Aufteilung der Exekutivmacht auf eine Koalition von Parteien, ein Kräftegleichgewicht zwischen Exekutive und Legislative, ein Verhältniswahlrecht oder ein damit einhergehendes Vielparteiensystem. Die qualitative Darstellung von Konkurrenz- und Konkordanzdemokratie ersetzt Lijphart durch eine quantitative, empirisch-messbare Differenzierung, die es ermöglicht, die unterschiedlich gestalteten Demokratien zu vergleichen und in Typen zusammenzufassen. Wesentliche Messpunkte sind die Konsensus-Mehrheits-Dimension und die Föderalismus-Unitarismus-Dimension. Hier unterscheiden sich dann zentralistische Mehrheitsdemokratien (z. B. Großbritannien, Neuseeland), föderalistische Mehrheitsdemokratien (z. B. Kanada, USA, Australien), zentralistische Konsensusdemokratien (z. B. Niederlande, Finnland, Israel) und föderalistische Konsensusdemokratie (in reinster Form: die Schweiz). Die Bundesrepublik Deutschland vereinigt – bei starker föderalistischer Prägung – Strukturen beider Demokratiemodelle.

Zum Nach- und Weiterdenken

Benennen Sie je zwei ‚Vorteile/Chancen' und ‚Nachteile/Risiken' direkter und repräsentativer Demokratie. Welche sind für Sie besonders wichtig?

Skizzieren Sie die Struktur von präsidentiellen und parlamentarischen Systemen und erläutern Sie, wo jeweils die Konfliktlinien verlaufen.

> Das politisches System eines Staates sieht folgende Merkmale vor: Föderalismus, kommunale Selbstverwaltung, Zwei-Kammer-Parlament, Verhältniswahlrecht, obligatorische Referenden bei Verfassungsänderungen. Welcher Form der Konkurrenz- oder Konkordanzdemokratie würden Sie es zuordnen? Warum?

3.4 Demokratische Prozesse und ihre Akteure

Unabhängig davon, ob es sich in einem konkreten Staat nun um eine parlamentarische oder präsidentielle Demokratie, eine Konkurrenz- oder Konkordanzdemokratie mit mehr oder minder klaren direktdemokratischen oder repräsentativdemokratischen Zügen handelt und auch unabhängig davon, ob nun eher konservative, sozialdemokratische oder pluralismustheoretische Züge das politische System prägen, sind politische Akteure zu identifizieren, die mit ihrem politischen Tun die Demokratie „zum Leben erwecken". Allerdings sind das Ausmaß der Partizipation, die politischen Gestaltungsmittel, die Einflussmöglichkeiten und die Machtpotenziale der verschiedenen Akteure doch direkt abhängig von den vorgenannten Strukturmerkmalen. Deutlich wird dies z. B., wenn die Rolle der Bürger betrachtet wird: sind sie in der Schweiz, mit ihrem viele direktdemokratische Elemente aufweisenden System, recht häufig aufgefordert, sich an Entscheidungen zu beteiligen, so ist die bürgerschaftliche Partizipation in dem konkurrenzdemokratischen Repräsentativsystem Großbritanniens deutlich seltener festzustellen.

Im Folgenden werden einige der wichtigsten Akteure etwas näher betrachtet, wobei in der Regel die Strukturbedingungen in der Bundesrepublik Deutschland berücksichtigt werden. Gleichwohl wird auf einige landesunterschiedliche Ausprägungen mit eingegangen. Neben der Skizzierung der Funktionen und politischen Merkmale der verschiedenen Akteure wird auch die jeweilige Rolle in den politischen Willensbildungs- und Entscheidungsprozessen, den *politics,* betrachtet.

3.4.1 Die Bürger als Wähler, Kontrolleure und Mitentscheider

Unter Berücksichtigung der Volkssouveränität als Grundprinzip der Demokratie steht die politische Rolle der Bürger im Zentrum der Überlegungen. Auch wenn in allen modernen Demokratien die Repräsentation der Bürger durch das Parlament im Vordergrund steht, wenn es um die wesentlichen politischen Fragen der Legislative und Regierungskontrolle geht, haben die Bürger dennoch wichtige Funktionen inne, haben sie politische Partizipationsmöglichkeiten und hängt die Legitimität staatlichen Handelns von ihnen ab.

Mit Bürger ist derjenige gemeint, der eine Staatsangehörigkeit hat, aus der sich bestimmte staatsbürgerliche Rechte und Pflichten ergeben, die er in seinem Staat ausübt. Diese Rechte und Pflichten kennzeichnen den Bürger eines Staates und grenzen ihn vom Einwohner ab, der

3 Demokratie heute

über diese nicht im gleichen Maße verfügt. So sind viele Ausländer als Einwohner in Deutschland von (staats-)bürgerlichen Rechten (wie z. B. dem aktiven und passiven Wahlrecht[9]) ausgeschlossen. Gemeinsam verfügen jedoch Bürger und Einwohner in Deutschland über die Menschenrechte und sind sie von allgemeinen Pflichten (Steuerpflicht, Achtung des Strafrechts etc.) betroffen.

Im Kontext der Betrachtungen zur Demokratie stehen insbesondere die politischen Funktionen sowie die politischen Beteiligungsformen der Bürger im Vordergrund. Ausgehend vom Prinzip der Volkssouveränität (→ Kap. 3.1.1) bleibt festzuhalten, dass in Demokratien die Legitimität staatlichen Handelns an die Unterstützung des politischen Systems und der politischen Herrschaft durch die Bürgerschaft geknüpft ist. Ein wesentliches Instrument ist hierbei die Wahl. In periodisch stattfindenden Wahlen beauftragen die Bürger Parlamentarier als ihre Repräsentanten wichtige politische Aufgaben vor allem im Bereich der Legislative sowie der Regierungskontrolle auszuüben. In präsidentiellen Systemen wählen die Bürger zudem den Staats- und Regierungschef. Das aktive Wahlrecht gehört in allen Demokratien zu den wichtigsten konventionellen und verfassten Partizipationsmöglichkeiten. Die Bürger übertragen den Gewählten treuhänderisch die Politikgestaltung und billigen die Regierung. Der Wahlakt erfüllt zwei wichtige Funktionen: Zum einen beauftragen die Bürger eine Person oder eine Personengruppe mit der Regierungs-

---

9 Eine Ausnahme bilden EU-Bürger mit einem Hauptwohnsitz in Deutschland. Diese können an Kommunalwahlen teilnehmen.

bildung und legen zudem fest, welche Partei die in einer Demokratie wichtige Aufgabe der Opposition erfüllen soll. Zum anderen urteilen die Wahlberechtigten über die bisherige Regierung, indem sie ihr erneut das Vertrauen aussprechen oder eben auch die treuhänderisch auf Zeit übereignete Herrschaftslegitimation wieder entziehen.

Die Wahl ist das zentrale Instrument der Herrschaftsgestaltung und wichtiges Element der Demokratie. Das ihr in Deutschland zugrunde liegende Wahlrecht mit den spezifischen Regelungen der personalisierten Verhältniswahl (vgl. Korte 2003: 43 ff.; Rudzio 2015: 176) wurde mit der Gründung der Bundesrepublik 1949 eingeführt. Das Wahlrecht, das in einem lange währenden Kampf für immer breitere Bevölkerungsschichten erstritten wurde, bis es dann den heutigen Grundsätzen der allgemeinen, unmittelbaren, freien, gleichen und geheimen Wahl entsprach (vgl. Art. 38 GG), wird in Deutschland von den Bürgerinnen und Bürgern sehr unterschiedlich genutzt. Nahmen bei der ersten Bundestagswahl im Jahr 1949 78,5 % der Wahlberechtigten dieses Recht wahr, so wuchs die Wahlbeteiligung bis 1972 auf über 90 Prozent, sank dann kontinuierlich bis 1990 bis unter den Ausgangswert zurück, stieg zwischenzeitlich wieder leicht an (82,2 % Wahlbeteiligung im Jahr 1998), um 2009 mit 70,9 % auf den niedrigsten Stand bei einer Bundestagswahl zu fallen, um 2013 wieder etwas auf 71,5 % zu steigen. Das heißt, dass mehr als jeder vierte Wahlberechtigte sein urdemokratisches Recht nicht in Anspruch nahm. Noch schlechter sah es mit der Wahlteilnahme bei den Landtagswahlen aus.

Hier lag die Quote Anfang des 21. Jahrhunderts bei ca. 60 %; in Sachsen-Anhalt wählte 2006 mit 44,4 % Wahlbeteiligung weniger als jeder Zweite (vgl. Stat. Bundesamt 2008: 383 ff., Stat. Bundesamt 2015: 289). Zehn Jahr später bei der Landtagswahl 2016 in Sachsen-Anhalt zeigt sich eine mit 61,1 % im Vergleich um fast 50 % gestiegene Wahlbeteiligung.[10] Eine wenn auch anteilig etwas schwächere Zunahme der Wahlbeteiligung zeigte sich bei allen Landtagswahlen 2016.

Beim Wahlverhalten ist nicht nur in Deutschland auffällig, dass bei jungen Wahlberechtigten sowie bei den über Siebzigjährigen eine unterdurchschnittliche Wahlbeteiligung festzustellen ist und dass die Wahlbeteiligung bei gesellschaftlich Aktiven sowie bei Personen mit höherem Bildungs- und Statusgrad besonders hoch ist (vgl. Rudzio 2015: 186 ff.).

Die Gründe für die unterschiedlich hohe Wahllust der Bürgerinnen und Bürger sind sehr vielfältig und ebenso vielfältig sind die wissenschaftlichen Erklärungsansätze. Während einige Politologen eine geringe Wahlbeteiligung als Normalität betrachten und als ehrliche Äußerung von geringer politischer Kompetenz und geringem politischen Interesse weiter Teile der Bevölkerung werten, sehen andere darin ein zustimmendes Schweigen zum politischen System und erkennen dritte darin Politikverdrossenheit als ein Krisensymptom der Demo-

---

10 Schon 2011 hatten mit 51,2 % knapp 10 % mehr bei der Landtagswahl in Sachsen-Anhalt gewählt. Mehr Informationen sind vom Statistisches Landesamt Sachsen-Anhalt zu den Wahlen unter https://www.statistik.sachsen-anhalt.de/wahlen/ verfügbar.

kratie, die legitimatorische Schwachstellen aufweise (vgl. Kersting/Schmitter/Trechsel 2008: 44 f.). Die Vierten deuten dies weniger als ein Phänomen der Politikverdrossenheit, sondern vielmehr als Parteien- und Politikerverdrossenheit, denn bürgerschaftliches und politisches Interesse und Engagement jenseits des formalen Wahlaktes sei immer noch weit verbreitet, auch wenn politische Partizipation nur bei einer Minderheit der Bürgern zu finden sei (vgl. Rudzio 2015: 519 ff.; Rattinger 2002: 322 f.).

Tatsächlich zeigt sich, dass große Teile der Bevölkerung mit ihrem Engagement in Vereinen und Verbänden, Gewerkschaften, Bürgerinitiativen, Selbsthilfegruppen und in vielen anderen Kontexten Demokratie im Kleinen und im Konkreten mit Leben erfüllen. Die zunehmende Individualisierung in den westlichen Gesellschaften führt auch zu einem veränderten politischen Verhalten, das sich u. a. in der teilweisen Abwendung von den Formen und Ritualen der Demokratie als Staatsform und in einer Hinwendung zur Gestaltung von Demokratie als Lebensform äußert. Ulrich Beck (1986: 311 ff.; 1993: 154 ff.) bezeichnet diesen Prozess als Herausbildung von Subpolitik, in der quasi unpolitische Sektoren der Gesellschaft und Wirtschaft politisiert werden und sich eine neue politische Kultur entwickelt.

Mit diesem Verhalten jenseits der formalen demokratischen Wahl wird deutlich, dass die interventionsfähigen und Aktivbürger (vgl. Ackermann 1998: 13 ff.) ihre demokratischen Teilhabe- und Teilnahmerechte durchaus in Anspruch nehmen und damit gleichzeitig die Demokratie mit Leben füllen. Dieses Tun wirkt einerseits als politischer Seismograf, der auf Defizite in Staat und Gesellschaft hinweist, politische Entscheidungen seitens des Staates einfordert und damit demokratische Kontrolle jenseits des parlamentarischen Prozesses ausübt, andererseits wird damit konkret auf (ausgewählte) politische Defizite reagiert und durchaus im Sinne der *polis* bürgerschaftlich gehandelt, was als Re-Demokratisierung der Demokratie verstanden werden kann.

Je mehr sich solche Prozesse entwickeln, desto größer wird auch bei den (im weiteren Sinn) politisch Aktiven das Bedürfnis, nicht nur als politischer Seismograf zu wirken, Kontrolle auszuüben und im eher Kleinen konkret zu handeln, sondern direkt mitzuentscheiden. Die Forderung, mehr direkte Demokratie zu wagen (→ Kap. 4.3; Heußner/Jung 2011) wurde in den letzten beiden Jahrzehnten des 20. Jahrhunderts verstärkt diskutiert. Auf kommunaler Ebene und teilweise auch in deutschen Bundesländern wurden die Möglichkeiten von Bürger-/Volksbegehren und -entscheiden geschaffen und ausgeweitet, während dies auf Bundesebene bislang nicht geschah. Auch bei der Überarbeitung des Grundgesetzes nach dem Beitritt der aus der DDR hervorgegangenen Länder zur Bundesrepublik wurde auf die Ausweitung direktdemokratischer Partizipationsformen verzichtet, so dass auf dieser politischen Ebene das Repräsentationsprinzip noch die weiteste Gültigkeit besitzt. In vielen anderen demokratischen Staaten sind fakultative und obligatorische Referenden sowie die Gesetzesinitiative durch das Volk jedoch möglich (vgl. Kost 2013: 67 ff., 74 ff.).

3.4.2 Parteien

In repräsentativen Demokratien gehören die Parteien zu den wichtigsten politischen Akteuren. Sie organisieren den politischen Wettbewerb um die Macht, sie stellen das Personal für parlamentarische Mandate und öffentliche Ämter, sie haben eine zentrale Position innerhalb der Politikvermittlung inne und sie sind ein politisches Sprachrohr der Bevölkerung. Die herausragende Bedeutung der Parteien in der Demokratie der Bundesrepublik Deutschland wird bereits im Grundgesetz hervorgehoben. Da heißt es in Artikel 21 Absatz 1 Satz 1: „Die Parteien wirken bei der politischen Willensbildung des Volkes mit." Anders als in vielen anderen Verfassungen wird hier den Parteien ein besonderer Stellenwert eingeräumt.

Die Umschreibung „Mitwirkung am politischen Willensbildungsprozess des Volkes" durch die Parteien dient aber nur als Sammelbegriff für die vielfältigen Aufgaben dieser Organisationen. Das Parteiengesetz von 1967 liefert für den Bereich der Bundesrepublik Deutschland einerseits eine Legaldefinition der Partei (§ 2 Abs. 1) und beschreibt auch in § 1 Abs. 2 die Aufgaben der Parteien. Dort heißt es:

„Parteien sind Vereinigungen von Bürgern, die dauernd oder für längere Zeit für den Bereich des Bundes oder eines Landes auf die politische Willensbildung Einfluss nehmen und an der Vertretung des Volkes im Deutschen Bundestag oder einem Landtag mitwirken wollen, wenn sie nach dem Gesamtbild der tatsächlichen Verhältnisse, insbesondere nach Umfang und Festigkeit ihrer Organisation, nach der Zahl ihrer Mitglieder und nach ihrem Hervortreten in der Öffentlichkeit eine ausreichende Gewähr für die Ernsthaftigkeit dieser Zielsetzung bieten. Mitglieder einer Partei können nur natürliche Personen sein." (§ 2 Abs. 1 ParteiG)

„Die Parteien wirken an der Bildung des politischen Willens des Volkes auf allen Gebieten des öffentlichen Lebens mit, indem sie insbesondere

- auf die Gestaltung der öffentlichen Meinung Einfluss nehmen,
- die politische Bildung anregen und vertiefen,
- die aktive Teilnahme der Bürger am politischen Leben fördern,
- zur Übernahme öffentlicher Verantwortung befähigte Bürger heranbilden,
- sich durch Aufstellung von Bewerbern an den Wahlen in Bund, Ländern und Gemeinden beteiligen,
- auf die politische Entwicklung in Parlament und Regierung Einfluss nehmen,
- die von ihnen erarbeiteten politischen Ziele in den Prozess der staatlichen Willensbildung einführen und
- für eine ständige lebendige Verbindung zwischen dem Volk und den Staatsorganen sorgen." (§ 1 Abs. 2 ParteiG)

Bereits in dieser Beschreibung, die von Parteienvertretern als Parlamentsangehörigen beschlossen wurde und somit quasi ein Selbstbild der Parteien darstellt, wird deutlich, dass die Parteien eine wichtige Funktion innerhalb der Demokratie einnehmen (wollen) und dass sie ihre im Grundgesetz zugewiesenen Aufgaben der Mitwirkung „bei der politischen Willensbildung des Volkes" sehr weit „auf alle Gebiete des öffentlichen Lebens" ausdehnen.

Der Parteienforscher Ulrich von Alemann extrahiert aus der o. g. Legaldefinition und aus der wissenschaftlichen Untersuchung der Parteien sieben Funktionen dieser Organisationen, aus denen dann auch deren Bedeutung für die Demokratie sichtbarer wird. Er differenziert (2010: 216 ff.):

- *Partizipationsfunktion:* Die Parteien ermöglichen den Bürgerinnen und Bürgern die Beteiligung an der Politik schon durch das Angebot der Parteien, sie zu wählen oder durch die Möglichkeit, sich an sie zu wenden, wenn politische Ideen und Forderungen geäußert werden sollen. Den Parteimitgliedern eröffnen sie noch weitere Partizipationsmöglichkeiten, z. B. bei der Nominierung von Kandidaten für politische Ämter oder auch in der Teilnahme am politischen Willensbildungsprozesses in der Partei.
- *Transmissionsfunktion* bedeutet die Umformung von gesellschaftlichen Interessen in politisches Handeln. Parteien bündeln gesellschaftliche Interessen zu ökonomischen, sozialen, ökologischen oder ideellen Zielen und Handlungsalternativen, die zu politischen Entscheidungen geführt werden. Ferner vermitteln sie politische Ziele per Öffentlichkeitsarbeit oder Wahlkampf an die Wähler.
- *Selektionsfunktion:* Parteien wählen in mehrfacher Hinsicht aus. Zum einen selektieren und rekrutieren

sie Personal für die verschiedenen politischen Mandate und Funktionen. Zum anderen obliegt den Parteien die Auswahl von Alternativen aus dem gesamtgesellschaftlichen Interessensspektrum. Die Parteien müssen auswählen, wessen und welche Interessen sie politisch vertreten wollen.
- *Integrationsfunktion* umfasst die Aufgabe, die selektierten und transmittierten Interessen den Bürgern zu vermitteln und sie davon zu überzeugen, dass diese verknüpften Interessen wichtig sind. Verschiedene Gesellschaftsgruppen sollen durch diese Vermittlung integriert werden.
- *Sozialisationsfunktion:* Den Bürgern Politik nahe zu bringen, sie „fit" zu machen für den politischen Willensbildungsprozess, sie für Ämter zu schulen, umfasst diese Funktion. Die politische Sozialisation findet z. B. in der Ortsvereinsarbeit der Parteien statt oder auf gesonderten Schulungen.
- *Selbstregulationsfunktion:* Parteien müssen ihre eigenen Ziele und Programme immer wieder für sich selbst überprüfen und anpassen. Die Beobachtung der gesellschaftlichen Interessen, die Auswertung des sozialen Wandels und die Analyse der eigenen Handlungsfähigkeit werden von den Parteien zur Selbstregulation genutzt.
- *Legitimationsfunktion:* Auch hier geht es – wie bei der Integration – um den zusammenfassenden Charakter. Weil die Parteien einen wesentlichen Beitrag zur Partizipation, Transmission, Integration und Sozialisation leisten, erfüllen sie damit Aufgaben der Legitimation des politischen Systems insgesamt. Sie tragen – in-

sofern die Funktionen tatsächlich wahrgenommen werden – zur Anerkennung und damit zur Systemstabilisierung bei.

Ein pluralistisches Parteiensystem bietet den Bürgerinnen und Bürgern in der heterogenen Gesellschaft Orientierung und Partizipationsmöglichkeiten. Die in jeder Gesellschaft vorfindbaren unterschiedlichen Meinungen, Bedürfnisse und sozialen Konflikte können über die Parteien in den offenen Willensbildungsprozess eingebracht werden. Indem die Parteien um die Gunst der Wähler konkurrieren, werden die verschiedenartigen Positionen, die im Volk vorzufinden sind, artikuliert und können so in einem (relativ) transparenten Prozess in die politische Entscheidung einfließen.

Eine wesentliche Aufgabe der Parteien liegt darin, die von den Bürgerinnen und Bürgern vertretenen Interessen zu erkennen, sie zu aggregieren und damit für die politische Auseinandersetzung aufzubereiten. Dabei ist es unmöglich, alle Individualinteressen in ihren spezifischen Ausformungen aufzunehmen. Vielmehr ist zu beobachten, dass die Parteien in unterschiedlicher Form ausgehend von einigen Grundkonflikten ihre Programmatik entwickeln und hierauf aufbauend ein mehr oder minder breites Spektrum an gesellschaftlichen Positionen versuchen abzudecken. Einige der in den verschiedenen Demokratien durchaus unterschiedlich bedeutsamen Konfliktlinien – die Politologen sprechen hier von *cleavages* – sind z. B. (vgl. Beyme 1984: 36 f.)

- die Auseinandersetzung um die bürgerlichen Frei-

heitsrechte und der Kampf gegen alte (z. B. monarchistische Regime), die zur Entstehung liberaler Parteien und quasi als Antwort zur Bildung konservativer Parteien führten,
- der Konflikt zwischen Arbeit und Kapital in den bürgerlich-kapitalistischen Gesellschaften, der die sozialistischen und kommunistischen Parteien entstehen ließ,
- der Konflikt über die wirtschaftliche Ausrichtung der Volkswirtschaft und die damit verbundenen sozialen Fragen, was z. B. die Entstehung von Agrarparteien und Industrieparteien förderte,
- die Auseinandersetzung über die Verbindung respektive Trennung von Staat und Kirche, die christliche und laizistische Parteien hervorbrachte,
- die Frage über die Zentralisierung bzw. Dezentralisierung von politischer Macht, die u. a. Regionalparteien entstehen ließ.
- Die Widerstände gegen demokratische Systeme wurden von faschistischen Parteien zum Ausdruck gebracht,
- das Spannungsverhältnis zwischen (Industrie-)Ökonomie und Ökologie wird von Umweltparteien, wie z. B. Bündnis 90/Die Grünen, aufgriffen
- und kleinbürgerliche Protestparteien wenden sich gegen das bürokratisch-wohlfahrtsstaatliche System.

Zu diesen alten *cleavages* können neue Bruchlinien für die Entstehung von Parteien relevant seien und so sind beispielsweise Parteien in den Konfliktfeldern der Generationen oder auch von Lebensstilen möglich und zu erwarten. Ferner kann die Zustimmung bzw. Gegnerschaft zur Europäisierung sowie zur Zuwanderung prägend sein.

Waren einige der aus diesen Konfliktlagen hervorgegangenen Parteien noch in der Lage, größere Massen des Volkes an sich zu binden, so sprechen andere Parteien eher Minderheiten und abgegrenzte Milieus an. Zu beobachten ist jedoch – zumindest in Staaten, in denen ein (kleiner) Parteipluralismus vorherrscht – dass sich auch die kleineren Parteien um eine politische Profilierung jenseits der für sie wichtigen Konfliktlinie bemühen (müssen) – zumindest wenn sie in die parlamentarische Verantwortung kommen.

In den westeuropäischen Demokratien finden sich in den Parlamenten im Wesentlichen Parteikonstellationen, die von (relativ) starken sozialdemokratischen bzw. sozialistischen, christlich-bürgerlichen sowie – meist schon erheblich schwächer – freiheitlich-liberalen Parteien geprägt sind. Die aus den neuen sozialen Bewegungen, insbesondere der Umweltschutzbewegung hervorgegangenen grünen Parteien haben außerhalb Deutschlands und Frankreichs kaum eine größere Bedeutung. Seit den 1990er Jahren haben hingegen in einigen EU-Staaten rechtskonservative und rechtspopulistische Parteien hinzugewonnen, die vor allem mit ausländerfeindlichen, nationalistischen, antiintellektuellen und regionalistischen Themen sowie mit populistischen Aussagen zur Inneren Sicherheit und Migrationspolitik auf Stimmenfang gehen und dabei insbesondere tatsächliche oder potenzielle Verlierer der Modernisierungs-, Individualisierungs- und Globalisierungsprozesse ansprechen.

In der Bundesrepublik Deutschland ist seit den frühen

1980er Jahren das bislang recht fest gefügte System von CDU/CSU, SPD und FDP aufgebrochen. Nach Erfolgen auf Länderebene sind Bündnis 90/Die Grünen[11] seit 1983 im Bundestag vertreten und haben sich in mehreren Bundländern sowie 1998–2005 auch im Bund als Regierungspartei etabliert. Die PDS war seit 1990 in den ostdeutschen Bundesländern einerseits als sozialistische, andererseits als ostdeutsche Regionalpartei fester Bestandteil des Parteiensystems geworden. 2005 änderte die PDS ihren Namen in *Die Linkspartei/PDS*. Durch den Zusammenschluss mit der WASG[12] entwickelte sich ab 2007 *Die Linke* zu einer bundesweit präsenten Partei. Die sogenannte Piratenpartei Deutschland konnte mit der Idee eine Partei der Informations- und Wissensgesellschaft zu sein und neue Beteiligungsformen einzuführen (vgl. Kapitel 4.2.2 zur *Liquid Democracy*), Einzug in mehrere Landtage und das Europaparlament erreichen. Am rechten Rand konnten die NPD und die DVU vorübergehend Einzug in einzelne Länderparlamente halten. Bis sich 2013 mit der Gründung der Alternative für Deutschland (AfD) eine in ihrem Selbstverständnis bürgerliche Partei ‚rechts' der CDU sich in der Parteienlandschaft als eurokritische Partei gründet hat und in viele Länderparlamente eingezogen ist (vgl. Rudzio 2015: 128, Alemann 2010: 94 f.).

---

11 Bis zur Fusion mit *Bündnis 90* im Jahr 1993 nur *Die Grünen*.
12 „Arbeit & soziale Gerechtigkeit – Die Wahlalternative" (WASG) entstand 2004 als Protest gegen die von der SPD/Grüne-Regierung durchgesetzte Arbeitsmarkt- und Sozialpolitik und war

Sowohl die Ausdifferenzierung des Parteiensystems als auch die in Umfragen seit Anfang der 1980er Jahre festgestellte Parteienverdrossenheit der Bürgerinnen und Bürger sind deutliche Indikatoren für manifeste Probleme im „Parteienstaat" Deutschland. Ulrich von Alemann (2010: 232 ff.) sieht die Ursachen hierfür zum einen im Wertewandel mit der Bedeutungszunahme des Postmaterialismus, mit der verstärkten Individualisierung und der Herausbildung der Erlebnisgesellschaft (vgl. Schulze 2005). Zum Zweiten habe sich mit dem Medienwandel (→ Kap. 3.4.5) in Gestalt von Kommerzialisierung und dem Entstehen von „Kampagnen-Journalismus" die Politikvermittlung grundlegend verändert und damit die Personenbezogenheit der Politikeliten zu Lasten der Parteienpräsenz gefördert sowie die Skandalisierung vorangetrieben (Spendenskandale, Skandale einzelner Politiker u. a.). Drittens konstatiert Alemann einen Politikwandel, durch den Parteistrukturen verändert wurden, der den Parteien die Möglichkeit des Agenda-Setting beschnitten und der die Parteien in eine Modernisierungsfalle getrieben habe. Er schlussfolgert die Notwendigkeit eines gravierenden Wandels der Parteien – dessen mögliche Ausgestaltung er in verschiedenen Varianten skizziert, der auch teilweise von den Parteien in Ansätzen versucht wird, jedoch noch nicht in klaren Konturen erkennbar ist.

wesentlich von enttäuschten Ex-SPD-Mitgliedern und Gewerkschaftlern getragen.

3.4.3 Organisierte Interessen

Während nur ein sehr geringer Teil der Bürgerinnen und Bürger Mitglied in Parteien ist (insgesamt sind es in der Bundesrepublik Deutschland circa 1,3 Millionen, von denen nur ca. jeder Siebte auch in der Partei aktiv ist (vgl. Rudzio 2015: 156, Alemann 2010: 169 ff.), ist der bürgerschaftliche Organisationsgrad in Vereinen und Verbänden um ein Vielfaches höher. Deutlich mehr als die Hälfte der Bevölkerung ist in einer, vielfach aber auch mehreren Interessensorganisationen Mitglied – und das in einer hohen Zahl auch aktiv. Nur ansatzweise ist zu schätzen, wie groß die Zahl der Vereinigungen in Deutschland ist. Rudzio (2015: 67) taxiert zwischen 3 500 und 4 000 Interessenverbände, eingetragene Vereine gäbe es mehrere Hunderttausende und Berufsverbände wären 6 800 zu zählen.

Innerhalb des großen Spektrums an Interessensorganisationen ist bei weitem nicht jeder Verband oder Verein explizit als politische Vereinigung einzustufen, viele sehen sich ausdrücklich auch als unpolitisch an. Gleichwohl wirken sie auf vielfältige Weise auch politisch, da sie unterschiedlichste Interessen der Bürgerinnen und Bürger aggregieren und gegenüber Dritten (z. B. Regierung, Parteien, kommunale Verwaltungen und Räte, andere Vereinigungen etc.) artikulieren, da sie durch die Gestaltung des Vereinsbetriebes politisch sozialisierend auf die Mitglieder einwirken (Stichwort: innerverbandliche Demokratie) oder auch den Mitgliedern nur ein Forum des Austauschs und der politischen Diskussion bieten. In den pluralistischen Demokratien sind die vielen bürgerschaftlichen Vereinigungen und fachlichen Verbände ein wichtiger Faktor zur Gestaltung der lebendigen Demokratie.

Über den Sinn, die Aufgaben und vor allem auch die Berechtigung der Teilnahme organisierter Interessen am politischen Willensbildungs- und Entscheidungsprozess gibt es bei den verschiedenen politischen Richtungen und politikwissenschaftlichen Gruppierungen äußerst unterschiedliche Ansichten.

Insbesondere von konservativer Seite, die eine Trennung von Staat und Gesellschaft vorsieht, werden die Interessensorganisationen sehr skeptisch betrachtet, da sie im wesentlichen gruppenspezifische Partikularinteressen vertreten, während der Staat das Gemeinwohl zu berücksichtigen habe. Sie befürchten den Machtverlust des Staates zugunsten einer Herrschaft der Verbände. Besonders der starke Einfluss der Gewerkschaften wird von dieser Seite beklagt.

Im pluralistischen Modell wird bereits diese Grundeinstellung des konservativen Modells mit der Trennung von Staat und Gesellschaft abgelehnt. Hier steht nicht die Einheit des Staates, sondern die Vielheit der gesellschaftlichen Kräfte im Mittelpunkt. Unter der Grundannahme, dass zwischen den verbandlich organisierten Interessen ein Machtgleichgewicht und Chancengleichheit bestehe, entwickelt sich ein Kräfteparallelogramm, dem der Staat mit Regierung und Parlament quasi als Schiedsrichter und Entscheider gegenübersteht. Aus dem Widerstreit der unterschiedlichen Interessen und den verschiedenartigen Interessensartikulationen gegenüber dem Staat bildet sich, wenn schon nicht unbedingt ein Konsens so doch ein Kompromiss, der im nachhinein, a posteriori, zu einem Gemeinwohl führt.

Innerhalb des systemtheoretischen Modells werden den Interessensorganisationen mehrere Funktionen zugeschrieben. Wesentlich ist hierbei, dass diese Organisationen die Bedürfnisse, Anforderungen oder eben Interessen an das politische System formulieren. Gruppen- und Partikularinteressen werden gegenüber den politischen Entscheidungsträgern geäußert und damit auf „die Tagesordnung" gesetzt. Hiermit wird der politische Wahrnehmungs- und Entscheidungsprozess eingeleitet. Weitere Funktionen haben die organisierten Interessen in der Interessensaggregierung (-zusammenführung/-bündelung), in der Rekrutierung (Entdeckung, Förderung und Ausbildung) von politischen Akteuren sowie in der demokratischen Ausbildung, Aktivierung und politischen Sozialisation der Bürgerschaft.

Das konfliktorische Modell übt Kritik an den oben beschriebenen Ansätzen und beklagt, dass die ökonomische und soziale Basis von Herrschaft zu wenig oder gar nicht berücksichtigt wird und dass die strukturellen Machtvorteile der Machteliten in Staat und Wirtschaft nicht wahrgenommen oder als neutralisiert angenommen werden. Sie verweisen darauf, dass nicht alle Interessen organisiert oder organisierbar sind[13], dass es

---

13 Gerade allgemeine Grundbedürfnisse aus den Bereichen Wohnen, Freizeit, Gesundheit, Konsum, die nicht an bestimmte soziale Statusgruppen gebunden sind, werden daher weniger organisationsfähig sein (vgl. von Alemann 1989: 45).

kein Machtgleichgewicht gibt und die Konfliktfähigkeit eingeschränkt ist[14].

Mit teilweiser Ausnahme des konservativen Modells gelten in den anderen Ansätzen die organisierten Interessen nicht als systemgefährdend, sondern sie werden auch unter demokratietheoretischen Überlegungen als sinnvoll und notwendig erkannt: sie aktivieren Bürger ihre Interessen zu erkennen und wahrzunehmen; sie bringen den Sachverstand von im weitesten Sinne Betroffenen in die politischen Entscheidungsprozesse ein; sie bewerten politische Prozesse und bringen Informationen an ihre Verbandsbasis.

Gleichwohl zeigen die theoretischen Ansätze aus unterschiedlicher Perspektive auch die Grenzen der Interessensorganisation auf. Insbesondere der konfliktorische Ansatz warnt eindrücklich vor der ‚beruhigenden Illusion' des Chancen- und Machtgleichgewichts der Verbände.

In der traditionellen Verbändeforschung wurden die unterschiedlichen ‚Methoden' der Interessensvertretung gegenüber der Politik in Pressure und Lobbying unterschieden.

Pressure (Druck) wird vorwiegend von großen Mitgliederverbänden wie Bauernverband oder den Gewerkschaften angewandt: Mobilisierung der öffentlichen Meinung über Medien; Drohung, Wählerstimmen ihrer

---

14 „Konfliktfähigkeit beruht auf der Fähigkeit einer Organisation bzw. der ihr entsprechenden Funktionsgruppe, kollektiv die Leistung zu verweigern bzw. eine systemrelevante Leistungsverweigerung glaubhaft anzudrohen" (Offe 1969: 169).

Mitglieder einer Partei zu entziehen (z. B. „gewerkschaftliche Meilensteine"); Kundgebung und Großdemonstration; politischer Streik und Boykottaktionen; Entzug finanzieller Unterstützung.

Lobbying ist mehr die interne Beeinflussung und wird von Mitgliederverbänden, aber vor allem auch von einflussstarken Gruppen, z. B. der Industrie, des Mittelstandes, der Ärzte und Beamten angewandt: personelles Eindringen von Verbandsvertretern in Parteien, Parlamente und Regierungen; Vergabe oder Vorenthaltung von exklusiven Informationen; persönliches Überreden von Abgeordneten in der Vorhalle des Parlamentes (Lobby – daher der Name); finanzielle Zuwendungen (normale, legale Spenden bis zu illegaler Korruption und Bestechung[15]); Vergabe von gut dotierten Positionen in Verbänden an Politiker (Filz, Patronage, Korruption); Bedrohung und Nötigung.

Beispiele für diese unterschiedlichen Einflussstrategien lassen sich reichhaltig finden. Es gilt aber zu berücksichtigen, dass i. d. R. immer mehrere der Methoden in Verknüpfung angewandt werden: eine Gewerkschaft wird in einem politischen Streitfall neben der Öffentlichkeitsarbeit und der Großdemonstration zur Erreichung ihrer

---

15 Man erinnere sich an die sog. Flick-Affäre in den 80er Jahren oder die Skandale der CDU auf Bundesebene (1999/2000) und Länderebene, die z. B. in 2001 den Berliner CDU-Senat stürzten, den SPD-Spendenskandal 2002 im nordrhein-westfälischen Köln sowie 2011/2012 an die Diskussion um Handlungen des Bundespräsidenten Wulff in seiner Zeit als niedersächsischer Ministerpräsident.

Ziele auch die gewerkschaftlichen Parlamentarier vorwiegend in der SPD und der CDU agieren lassen. Unberücksichtigt bleibt bei diesem Methodenrepertoire des Pluralismus-Modells aber die gewachsene gegenseitige Abhängigkeit und wechselseitige Interdependenz von Staat und Interessensorganisationen. Auch der Staat ist auf die organisierten Interessen angewiesen: er nutzt den Sachverstand der Gruppierungen in seinem Planungsverfahren, in dem parlamentarische Anhörungen durchgeführt werden oder sich die Ministerial-Referenten mit den Fachleuten in den Verbänden zur Reduzierung von Konfliktpotential abstimmen. Bei der Umsetzung von Entscheidungen sind die Interessensorganisationen von besonderer Bedeutung, da sie der finanziellen und politisch-legitimatorischen Entlastung dienen. Insbesondere bei großen Reformbemühungen oder dem Management komplexer Probleme bemüht sich die Regierung, die betroffenen Großgruppen in den Entscheidungsprozess einzubinden: so bei der berühmten „Konzertierten Aktion" unter dem Wirtschaftsminister Schiller, bei der konzertierten Aktion im Gesundheitswesen (Gesundheitsreform unter Sozialminister Blüm), ansatzweise bei der Solidarpakt-Diskussion oder dem „Bündnis für Arbeit" in den frühen und späten 1990er Jahren. Für die Interessensorganisationen ist unter diesem Aspekt weniger das Parlament der adäquate Kommunikationspartner als vielmehr die Regierung und die Ministerialbürokratie.

Unter dem theoretischen Konzept des Neo-Korporatismus wird die Zusammenarbeit von Interessensorganisationen und Verwaltung ausführlich diskutiert (vgl.

von Alemann 1989). So verweisen Forscher dieses Ansatzes auf die Probleme der Entdemokratisierung durch nur späte Information des Parlamentes und der Kompromissfindung auf hoher (Beamten-)Ebene (→ Kap. 4.5.2). So erweist sich das korporatistische System zunächst als stabil und entscheidungsfähig, es besitzt aber markante Bruchlinien zur Labilität, z. B. wenn Skandale, die ausgehandelten Ergebnisse diskreditieren.

3.4.4 Regierung und Verwaltung

Faktisch stehen weniger die Bürger und die gesellschaftlichen Gruppen, sondern Regierung und Verwaltung im Zentrum der Entscheidungprozesse, wobei in diesen staatlichen Institutionen sowohl die Parteien als auch die Interessenorganisationen dennoch eine besondere Bedeutung für die Willensbildung haben. In einem parlamentarischen Regierungssystem (→ Kap. 3.3.2) wie dem der Bundesrepublik Deutschland ist das Gewicht der Regierung besonders groß. Grundsätzlich wird in diesen System die Regierung von der Parlamentsmehrheit geschützt und gestützt und sie kann zurückgreifend auf die politische Richtlinienkompetenz des Regierungschefs zur dominierenden Kraft des politischen Prozesses werden, wie es die Begriffe „Kanzlerdemokratie" für Deutschland oder gar „Wahldiktatur" für Großbritannien implizieren. Aber auch in präsidentialistischen Regierungssystemen stehen der Präsident und dessen Regierung mit ihrem Exekutivapparat im Zentrum der *politics*.

Die starke Stellung der Regierung ergibt sich de jure aus Prinzipien der Regierungssysteme und den entsprechenden Verfassungsregelungen (für Deutschland: Art. 62 ff. GG) und weiterhin de facto aus ihren Exekutivkompetenzen, aus ihrer Verfügung über die stark ausgebaute Ministerialbürokratie mit ihrem umfassenden Sachverstand sowie dem extensiv und intensiv genutzten Recht der Gesetzesinitiative. ‚Starke Stellung' bedeutet in einer Demokratie jedoch grundsätzlich nicht, dass die Regierung zur allein bestimmenden Größe im politischen Willensbildungs- und Entscheidungsprozess wird – hier liegt ja der wesentliche Unterschied zu feudalistischen oder diktatorischen Regimen. Aber als wichtiger Adressat der anderen politischen Akteure, als Politikplaner und Politikgestalter ist die Regierung in einer natürlich herausgehobenen Position.

Damit die Regierung ihre starke Stellung nicht missbraucht, sind in Demokratien die bereits angesprochenen Techniken der Gewaltenteilung bzw. Gewaltenverschränkung und das System der *checks and balances* – die auch als Inter-Organ-Kontrolle bezeichnet werden (Loewenstein 2000) – von ebenso großer Bedeutung wie die Abhängigkeit der Regierung von periodisch stattfindenden Wahlen – die eben auch den Entzug der Regierungsverantwortung durch das Volk ermöglichen. Die hiermit verbundene, regierungsexterne Machtbegrenzung der Regierung wird ergänzt durch regierungsinterne Mechanismen. Drei wichtige Prinzipien sind für das bundesdeutsche Regierungssystem zu erkennen und sind in Artikel 65, Satz 1–3 GG kodifiziert. Dort heißt es: „Der Bundeskanzler bestimmt die Richtlinien der Politik und trägt dafür die Verantwortung. Innerhalb dieser Richtlinien leitet jeder Bundesminister seinen Geschäftsbereich selbständig und unter eigener Verantwortung. Über Meinungsverschiedenheiten zwischen den Bundesministern entscheidet die Bundesregierung."

Der erste Satz des Artikels wird in der Politikwissenschaft als „Kanzlerprinzip" bezeichnet. Der Bundeskanzler nimmt mit mehreren wichtigen Kompetenzen eine herausragende Führungsstellung in der Regierung ein. Ihm obliegt nicht nur die Bildung der Bundesregierung durch das formal allein ihm vorbehaltene Recht, Bundesminister durch den Bundespräsidenten ernennen oder entlassen zu lassen und somit eine Regierung seines Vertrauens zu formieren. Er besitzt zudem die Organisationsgewalt für die Regierung, so dass er die Zahl der Bundesministerien und die Geschäftsbereiche bestimmt. Von besonderer Bedeutung ist seine oben angesprochene Richtlinienkompetenz, die „ihm im Kreis der Regierungsmitglieder die Entscheidungspriorität in allen Grundfragen der Regierungspolitik [sichert]" (Sontheimer/Bleek/Gawrich 2007: 298) und eine Stellung deutlich über einer Primus inter pares-Position garantiert (vgl. ebd.: 294 ff.).

Die faktische Ausgestaltung des Kanzlerprinzips ist hingegen von mehreren Faktoren abhängig. Hier ist zum einen die Persönlichkeit des jeweiligen Kanzlers von Bedeutung. Die unterschiedlichen Charaktere, Zielsetzungen, Positionen in der Regierungspartei, Politikverständnisse und Führungsstile der bisher acht Kanzler von Konrad Adenauer bis Angela Merkel stehen auch für unterschiedliche Gestaltungen der Richtlinienkompetenz, die zwischen gesamter politischer Leitung quasi monokratischer Art – wie unter Adenauer – und bloßer Koordinierung – wie unter Kiesinger – changieren (vgl. Rudzio 2015: 257 ff.). Dies wird ganz wesentlich auch von der allgemeinen Regierungskonstellation beeinflusst. In der Bundesrepublik Deutschland, die nicht zuletzt aufgrund des Verhältniswahlrechts immer von Koalitionen regiert wurde, wird die Richtlinienkompetenz des Kanzlers von der Zahl der Koalitionsparteien sowie vom jeweiligen politischen Gewicht des Koalitionspartners und seiner Regierungsvertreter beeinflusst. So wird es verständlich, dass in der Großen Koalition von Union und SPD (1966–1969) die Kanzlerposition eher der des Moderators und „wandelnden Vermittlungsausschusses" entsprach als der des bestimmenden Chefs. Auch Angela Merkel als Bundeskanzlerin der Großen Koalition 2005–2009 und 2013–2017 regierte unter den spezifischen Zwängen, was die Profilierung ihrer Regierung begrenzte. Rudzio (2015: 261) ordnet in Bezugnahme auf Karl-Rudolf Korte ihren Regierungsstil in der großen Koalition und in der zwischengeschalteten Koalition mit der FDP als präsidial kombiniert mit einer „effizienten Prinzipienlosigkeit" ein. Gerhard Schröder konnte hingegen die rot-grüne Koalition stärker führen und von seiner Richtlinienkompetenz intensiver Gebrauch machen, da er a) als (zeitweiliger) SPD-Vorsitzender seine Partei (weitgehend) ‚im Griff hatte', b) der Koalitionspartner Bündnis '90/Die Grünen in mehreren politischen Fragen nicht genügend Profil und Gewicht besaß sowie c) der Koalitionspartner in anderen möglichen Koalitionskonstellationen austauschbar gewesen wäre und die Bindung an den Seniorpartner nicht unersetzlich bzw. alternativlos war. Um tatsächlich die Richtlinienkompetenz ausüben zu können, ist der Kanzler auf regelmäßige und verlässliche Informationen aus den verschiedenen Ministerien sowie auf kompetente Beratung unabhängig von den durch Ressortegoismen mitunter beeinflussten Stellungnahmen aus den Fachministerien angewiesen. Von wachsender Bedeutung war hierbei der Ausbau des Bundeskanzleramtes. In diesem Amt, das vom Kanzleramtsminister geführt wird, bestehen Fachreferate zu den verschiedenen Politikfeldern, Querschnittsreferate sowie diverse Stäbe. Ferner leitet der Kanzleramtsminister die Konferenzen der Staatssekretäre und koordiniert bei größeren Exekutivprogrammen oder Gesetzesentwürfen die politische Planung (vgl. Rudzio 2015: 258 f.).

Dem zweiten Satz des GG-Artikels entspricht das Ressortprinzip. Die einzelnen Ministerinnen und Minister leiten eigenverantwortlich ihren Geschäftsbereich, dessen Zuschnitt formal vom Bundeskanzler innerhalb des Organisationsgewalt bestimmt wird. Tatsächlich sind diese Geschäftsbereiche zu einem großen Teil schon traditionell oder sachbedingt einem Ministerium zugeordnet. Doch Aufgabenerweiterungen, Spezialisierungen und politische Opportunitäten trugen maßgeblich dazu bei, dass einerseits die Zahl der Ministerien (und damit auch der MinisterInnen) stieg. Aus den klassischen Ministerien (den sog. „*der*-Ministerien": Ministerium *der* Verteidigung, *der* Justiz[16], *der* Finanzen, *des* Inneren und

---

16 Zur Zeit um den Bereich „für Verbraucherschutz" erweitert.

zusätzlich des Auswärtigen Amtes) wurden im Laufe der Zeit immer mehr Spezialministerien ausgegliedert, die dann als „*für*-Ministerien" firmieren (Ministerium *für* Wirtschaft und Energie, *für* Verkehr und digitale Infrastruktur, *für* Arbeit und Soziales etc.).

Spannend wird der Ressortzuschnitt nach Regierungsumbildungen, beim Antritt einer neuen Regierung oder besonders bedeutsamen Ereignissen. Nach der Tschernobyl-Katastrophe in dem ukrainischen Atomkraftwerk wurde z. B. 1986 das Bundesministerium für Umwelt, Naturschutz und Reaktorsicherheit neu gegründet und es erhielt seinen Personalstamm u. a. aus dem Innen- und dem Landwirtschaftsministerium. Nach der deutschen Vereinigung (1990) wurden – unter anderem um Ministerposten vergeben zu können – die Ministerien für Familie und Senioren sowie für Frauen und Jugend neu geschaffen (die dann später zusammengelegt wurden). Nach der Wahl von 1998 setzte Oskar Lafontaine durch, dass wichtige Grundsatzreferate aus dem Wirtschaftsministerium (das einst wesentlich aus dem Finanzministerium ausgegliedert wurde) wieder in das Finanzressort zurückgeholt wurden. Und nach dem BSE-Skandal im Jahr 2000 wurde das bisherige Ministerium für Landwirtschaft und Forsten umorganisiert, mit zusätzlichen Kompetenzen ausgestattet und hieß dann Bundesministerium für Verbraucherschutz, Ernährung und Landwirtschaft, wobei durch die Umbenennung auch eine veränderte politische Prioritätensetzung deutlich werden sollte. Später wurde der Verbraucherschutz ausgegliedert und dem Justizministerium zugeschlagen. Der Zuschnitt des Geschäftsbereichs hat nicht zu unterschätzende Bedeutung für das politische Gewicht der jeweiligen Minister.

Die Grundgesetzformulierung, dass die Minister ihr Ressort selbstständig und unter eigener Verantwortung leiten, bedeutet ein recht hohes Maß an Gestaltungskompetenz und auch politischer Macht, da in Deutschland den Ministerien nicht nur die politische Planung zum Geschäftsbereich, sondern vor allem auch das Erlassen von Verordnungen, die Vergabe von Mitteln sowie in einigen Bereichen auch die Implementation von Programmen durch die ministeriale oder dem Ministerium zugeordnete Exekutive obliegt. Die Reichweite des Kanzlers in die Ministerien ist sehr begrenzt. So muss der Minister zwar im Rahmen der vom Kanzler festgelegten Richtlinien arbeiten, aber ein „Hineinregieren" des Kanzlers am Minister vorbei ist prinzipiell ausgeschlossen.

Das Ressortprinzip fördert in Verbindung mit den organisationssoziologisch zu erklärenden Einbindungen des Ministers in den Ministerialbetrieb auch Formen von Ressortpartikularismus (vgl. Hesse/Ellwein 2012: 413 ff.). Die Suche nach der Sicherung und Ausgestaltung der Gestaltungsmacht der jeweiligen Ministerien bindet den Minister an sein Ressort und forciert dessen Denken in fachpolitischen Dimensionen, die nicht selten konfliktträchtig zu den fachpolitischen Sichtweisen anderer Ministerien oder zur Gesamtpolitik der Gesamtregierung stehen. Insbesondere in Zeiten knapper Kassen wird das letztgenannte Problem besonders virulent, wenn z. B. die verschiedenen Ressorts ihren finanziellen Gestaltungsspielraum erhalten und möglichst noch ausbauen wollen und dabei in Verteilungskonflikte mit anderen Ministerien und insbesondere zum Finanzminister geraten. Doch auch bei der politischen Gestaltung in wesentlichen Sachfragen stehen die ressortspezifischen Sichtweisen häufig konträr zueinander, wenn mehrere Ressorts an diesen Problemen arbeiten. Konfliktbeladen sind dabei z. B. Entscheidungen über Verkehrsinfrastrukturmaßnahmen, wenn das Verkehrsministerium sich für einen Autobahnbau stark macht, das Umweltministerium den Erhalt davon bedrohter Landstriche favorisiert, das Wirtschaftsministerium die positive Wirkung für einen Wirtschaftsraum hervorhebt, das Finanzministerium die Kostenentwicklung kritisch betrachtet und das Arbeitsministerium den Erhalt von Arbeitsplätzen im Bausektor begrüßt. Bei außenpolitischen Entscheidungen sind nicht selten das Außenministerium, das Wirtschaftsministerium als zuständiges Ressort für den Außenhandel, das Bundesministerium für wirtschaftliche Zusammenarbeit und Entwicklung, das Verteidigungsministerium und das Kanzleramt mit jeweils spezifischen Sichtweisen beteiligt.

Hier liegen dann Intra-Organ-Konflikte vor, die zu einer demokratischen Intra-Organ-Kontrolle beitragen. Die Ressorts der Regierung stehen für unterschiedliche gesellschaftliche Interessen und dieser Interessenpluralismus muss von der Regierung reguliert werden. Das Ressortprinzip trägt somit wesentlich dazu bei, dass die gesellschaftliche Heterogenität, konkurrierende Interessen und verschiedene Gestaltungsvorstellungen zur Geltung kommen können. Die Aufgabe des Ausgleichs in Kompromissen oder der Durchsetzung einer Position liegt bei der Bundesregierung als Ganzer und es greift nun das dritte Regierungsorganisationsprinzip: das Kollegial- oder auch Kabinettsprinzip.

Das Kabinettsprinzip regelt im Sinne des zitierten GG-Artikels die kollektiv regierungsinternen Kompetenzen (vgl. Rudzio 2015: 261 f.). Das Kabinett als Kollegialorgan des Bundeskanzlers und aller Bundesminister ist die Bundesregierung. Innerhalb der Regierung sind die Meinungsverschiedenheiten der Ministerien zu entscheiden. Hier wird der Kanzler unter Verweis auf seine Richtlinienkompetenz eine bedeutende Stellung im Konflikt einnehmen, aber eine Art Schiedsrichterrolle kommt ihm dabei nicht zu. Faktisch liegt es an der politischen Bedeutung der ministeriellen Meinungsverschiedenheiten, ob diese im Sinne des Kabinettsprinzips auf der Referentenebene der Ministerien oder in der regelmäßig stattfindenden Staatssekretärsrunde unter Leitung des Kanzleramtschefs oder eben im Bundeskabinett diskutiert werden. Wichtig ist jedoch, dass die Bundesregierung als Ganze die spätere Entscheidung trägt, da sie nur als Bundesregierung kollektive Handlungsbefugnisse nach außen hat und z. B. Gesetzesinitiativen einleiten kann, Stellungnahmen abgibt oder Rechtsverordnungen erlässt (a. a. O.). Sollte ein Minister aus z. B. ressortpolitischen Gründen die Entscheidung des Kabinetts dennoch ablehnen, so bleiben ihm nur die Alternativen, die Zähne zusammenzubeißen und gute Miene zum – aus seiner Sicht – bösen Spiel zu machen oder zurückzutreten. Im Regelfall werden die Meinungsverschiedenheiten innerhalb des Kabinetts jedoch so gelöst, dass auch ein unterlegener Minister sein Gesicht wahren kann.

Die beschriebenen Ressort- und Kabinettsprinzipien

stehen insgesamt für die Intra-Organ-Kontrolle und liefern im Sinne der Demokratie eine weitere Ergänzung zur Macht begrenzenden Inter-Organ-Kontrolle.

Unterhalb der Regierungsebene ist die Verwaltung ein bedeutsamer politischer Akteur. Angesichts der Problemvielfalt, der Vielzahl kleinerer Entscheidungen, der Komplexität politischer Probleme wuchs die Verwaltung einerseits quantitativ zu einer wirkmächtigen Instanz und andererseits auch qualitativ zu einem mit ihrem Sachwissen nicht zu unterschätzenden Akteur. Wesentliche Punkte, die die Verwaltung als eigenständigen politischen Akteur stärken, sind unter anderem folgende:

- Die Verwaltung als staatliche Exekutive bemerkt häufig eher als die politische Führung, welche Umsetzungsprobleme in einzelnen Politikfeldern auftreten, da sie selbst Implementationsdefizite feststellt oder aber als direkter Ansprechpartner der Bürger, der Wirtschaft, der Organisierten Interessen etc. hierüber Mitteilung bekommt. Ihr selbst obliegt es, in diesen Fällen zu entscheiden, ob mit administrativen Prozessen festgestellte Probleme verwaltungsintern direkt gelöst werden können oder ob sie die politische Ebene informieren will, um Entscheidungen herbeizuführen.
- Wenn politische Entscheidungen herbeigeführt werden müssen, so wird i. d. R. die (politische) Verwaltung beauftragt, Entscheidungsoptionen zu prüfen und Beschlussvorlagen vorzulegen. Im Rahmen dieses Estimations- und Selektionsprozesses verfügt die Verwaltung bei der Prüfung der juristischen, der haushaltstechnischen und organisatorischen Bedingungen

über vielfältige Möglichkeiten, eigene (Be-)Wertungen vorzunehmen, die faktische oder vermeintliche Sachzwänge feststellen und damit den politischen Gestaltungsrahmen präjudizieren.
- Als Gesprächspartner der Organisierten Interessen innerhalb der neokorporatistischen Planungs- und Aushandlungsprozesse (vgl. Kap. 3.4.3) steht sie gleichzeitig als selbstständiger Akteur wie auch als Moderator der verschiedenen Interessen im Zentrum des politischen Diskurses und vermag eigene Positionen im Willensbildungsprozess zu artikulieren – wobei dies nicht immer offen und transparent für die anderen Beteiligten ist.

Insbesondere die politische Verwaltung – ob in den Ministerien oder in den Kommunen – hat eine machtvolle Position inne, die sie aus sachlichen wie auch aus eigenem Interesse intensiv nutzt. Hesse/Ellwein (2012: 500) kommen hierbei zu der Feststellung: „Bei jeder längerfristigen Politik- und Entscheidungsvorbereitung droht aber das Gewicht der Verwaltung zu wachsen; im Planungsprozess setzt sich in der Regel durch, wer das Geschäft kontinuierlich betreibt. Die *Verwaltung* [...] interveniert heute nicht mehr nur fallweise; sie *wird zur zentralen Planungs- und Steuerungsinstanz*" (Hervorhebung im Original).

Vor diesem Hintergrund stellen sich an die politische Führung der jeweiligen Verwaltung erhebliche Anforderungen, die Verwaltung tatsächlich zu führen, sich selbst nicht von ihr vereinnahmen zu lassen und den politischen Willen angemessen in den demokratischen Entscheidungsfindungsprozess einzubringen, damit nicht die Demokratie zu einer Bürokratie der Experten wird. Angesichts der hohen Komplexität politischer Sachverhalte wird die politische Bändigung der Verwaltung jedoch immer schwieriger.

3.4.5 Politische Kommunikation

Die Qualität einer Demokratie wird von der Art der (politischen) Kommunikation ihrer Gesellschaft beeinflusst (vgl. Rudzio 2015: 451). Politische Kommunikation ist hierbei „die Kommunikation [...], die von politischen Akteuren ausgeübt wird, die an sie gerichtet ist, oder die sich auf politische Akteure und ihre Aktivtäten bezieht" (Schulz 2011: 16). Zu diesen politischen Akteuren lassen sich neben Parteien, Parlamenten, Regierungen, Staaten und supranationalen Organisationen, auch Interessengruppen, sogar Massenmedien und der Bürger selbst zählen. Letzterer, wenn er „politische Themen diskutier[t], an Wahlen oder Abstimmungen, an Demonstrationen oder anderen Formen des Protests teil[nimmt]" (ebd.). Massenmedien nehmen hierbei eine besondere Rolle in der politischen Kommunikation in großen Demokratien ein. Die größten zwei Mediengruppen sind in unserer Zeit Printmedien (Tageszeitungen, Zeitschiften etc.) und elektronische Medien, zu welchen neben Radio und Fernsehen auch das Internet gezählt wird.

Aus funktionaler Sicht werden den Massenmedien oft drei „öffentliche Aufgaben" zugesprochen. Zum einen die Information der Bürgerinnen und Bürger, zudem die Mitwirkung an der Meinungsbildung der Bevölkerung und drittens die Kontrolle des politischen Systems und die Kritik von Missständen (vgl. Schulz 2011: 54; Rudzio 2015: 465). Weitere Aufgaben, welche die Medien leisten, können im Bereich der politischen und sozialen Integration, der Sozialisation der Bürgerinnen und Bürger in ihrer Gesellschaft, der Schaffung von Öffentlichkeit, Komplexitätsreduktion und Artikulation der Meinungen und Interessen der Bürgerinnen und Bürger gesehen werden.

Damit Medien ihre Funktion erfüllen können und es zu einer die Demokratie stabilisierenden politischen Kommunikation kommt, ist die Meinungsfreiheit in Artikel 5 des Grundgesetzes als Grundrecht geschützt. Die freie Meinungsäußerung, die Informationsfreiheit und die Pressefreiheit werden durch die Schranken des Grundrechts begrenzt, beispielsweise durch das Strafrecht, wie im Fall von Beleidigung, übler Nachrede und Verleumdung. Wie das Bundesverfassungsgericht (10, 121) feststellte, wird die Presse als „Träger und Verbreiter der öffentlichen Meinung" institutionell garantiert. Durch den deutschen Presserat hat diese eine eigene Reglementierung ihrer publizistischen Grundsätze vorgenommen. Eine Vielfalt der Presse und Medienlandschaft versucht der Staat durch die Sicherung des Wettbewerbs mit dem Hilfsmittel der Fusionskontrolle zu erreichen (vgl. Hesse/Ellwein 2012: 246 ff.).

Das älteste Massenmedium sind die Zeitungen, hierbei handelt es sich meist um Lokalzeitungen mit kommunalem Bezug oder um regionale Zeitungen, welche in einem allgemeinen Mantel verschiedene Lokalteile in einer Zeitung vereinen. Zusätzlich zeichnet sich die deutsche Zeitungslandschaft durch ca. acht als überregional zu bezeichnende Zeitungen aus, unter denen die Frankfurter Allgemeine Zeitung, die Süddeutsche Zeitung und die Bild-Zeitung die auflagenstärksten und wohl einflussreichsten sind. Stellt man sich die Frage, ob die Zeitungen die oben genannten Funktionen und Leistungen von Medien in einer Demokratie erfüllen, so kann man verschiedene Entwicklungen feststellen, welche diese einschränken (können). Der Zeitungsmarkt ist durch einen Rückgang von Auflagen und Reichweite geprägt. Dies führt dazu, dass Werbeeinnahmen der Zeitungen, verstärkt durch die Verlagerung von Werbung ins Internet, deutlich zurückgehen. Die sich hieraus ergebenden massiven Umsatzverluste führten zu einem starken Personalabbau in den Redaktionen und zu höheren Abonnementpreisen. Zusätzlich wurde versucht Kosten einzusparen, indem Zeitungen zusammengelegt oder geschlossen wurden. Oft gibt es nur noch eine Lokalzeitung oder mehrere Lokalzeitungen werden von einem Verlag mit zum Teil einer Redaktion erstellt. Insbesondere wenn Redaktionen stark politisch geprägt sind, kann eine solche Konzentration Auswirkungen in der Lokalberichterstattung haben. Im allgemeinen bewerten Hesse und Ellwein (2012: 253 f.) die Berichterstattung jedoch als offen für alle etablierten Parteien, auch wenn es häufiger eine Nähe zu den bürgerlichen Parteien gäbe. Ergänzend zu den Zeitungen decken Zeitschriften und Wochenzeitungen wie „Der Spiegel" oder „Die Zeit" ein größeres politisches Spektrum in der Berichterstattung ab (vgl. ebd.: 251–255).

Im Bereich der Fernsehübertragung dominierten in Deutschland viele Jahre die öffentlich-rechtlichen Rundfunkanstalten ARD (Arbeitsgemeinschaft der öffentlich-rechtlichen Rundfunkanstalten der Bundesrepublik Deutschland) und ZDF (Zweites Deutsches Fernsehen). Insbesondere durch das Aufkommen von Satelliten- und Kabelfernsehen kamen ab 1984 auch private Fernsehanstalten hinzu. Die öffentlich-rechtlichen Rundfunkanstalten sollen in ihrer Berichterstattung eine relative Distanz zum Staat waren, welche den Pluralismus der deutschen Gesellschaft widerspiegelt. Dies soll unter anderem dadurch erreicht werden, dass in den Rundfunkräten, bzw. im Fernsehrat (ZDF) verschiedene gesellschaftliche Kräfte, wie Parteien, Kirchen, Arbeitgeber, Gewerkschaften und Verbände, vertreten sind. Dass dieses Verfahren eine Politisierung der Personalpolitik nicht verhindern kann, legt die Debatte im ZDF-Fernsehrat 2009 um den Verbleib des ZDF-Chefredakteur Nikolaus Brender nahe (vgl. ebd.: 261).

Im Bereich der elektronischen Medien spielen Angebote, welche über das Internet angeboten werden, eine immer größere Rolle. In diesen Bereichen sind die meisten Informationen weltweit verfügbar und große Internetkonzerne wie Alphabet (mit seinem Tochterunternehmen Google), Facebook und Baidu treten als Vermittler von Nachrichten und Informationen auf und bieten eigene Inhalte an. Inhalte im Internet werden für den Bürger unabhängig von Zeit und Ort nutzbar. In diesem Bereich bieten auch Zeitungen eine steigende Zahl von gratis und zu bezahlenden Onlineangeboten an. Soziale Netzwerke ersetzen oder ergänzen Kommunikationsformen der Bürger (vgl. ebd.: 266 f.). Im Bereich der Herstellung einer medialen Öffentlichkeit scheint es (auch durch nutzerspezifische Inhalte, wie sie Facebook und Google anbieten) zu einer verstärkten Fragmentierung der politischen Kommunikation zu kommen, wodurch Inhalte, die den eigenen Interessen und Positionen entsprechen verstärkt konsumiert werden und gegenläufige Positionen zum Teil nicht mehr wahrgenommen werden. Für die Demokratie bietet die verstärkte Digitalisierung Chancen, aber auch Risiken (→ Kap. 4.2.2).

Insgesamt kann Deutschland schon heute als eine Mediengesellschaft bezeichnet werden. Dies bedeutet, „dass sich die Medien immer mehr ausbreiten und die publizistische Informationsvermittlung enorm beschleunigen, dass sich neue Medientypen herausbilden und immer tiefer die gesamte Gesellschaft durchdringen, dass Medien auf Grund ihrer Reichweite gesamtgesellschaftliche Aufmerksamkeit und Anerkennung beanspruchen […]." (Schulz 2011: 31) In Folge einer fortschreitenden Individualisierung und Säkularisierung der Gesellschaft nimmt die Bedeutung der Massenkommunikation für die Orientierung und Sinnstiftung in der Bevölkerung zu.

Der Prozess der Medialisierung hat Auswirkungen auf die Funktionsweise eines demokratischen Systems. Schulz (2011: 33 ff.) unterscheidet hierbei vier Teilprozesse:

- Die Erweiterung der Kommunikationsfähigkeit *(Extension)* beschreibt die Ausweitung der Kommunikation, z. B. durch den technischen Wandel der Massenmedien. Von der Zeitung über das Fernsehen hin zum Internet nimmt die Anzahl der möglichen Rezipienten, welche ein Politiker erreichen kann, stark zu und erscheint für Online-Inhalte fast unbegrenzt. Das Internet verstärkt und beschleunigt eine Anschlusskommunikation, wie sie in Reaktionen auf Nachrichtenportalen und Kommentaren in sozialen Netzwerken erkennbar ist. Die Möglichkeiten dieser erweiterten Kommunikation wird nicht nur von Politikern und Parteien, sondern auch von Verbänden und sozialen Bewegungen genutzt, welche erst über die mediale Aufmerksamkeit und eine Reaktion durch den rezipierenden Bürger politischen Einfluss gewinnen. Veranschaulichen kann man sich dies anhand des Gedankenspiels, welche Wirkungen Kampagnen und Proteste, wie die von Greenpeace, Occupy oder auch Pegida haben würden, wenn niemand über sie berichtet hätte. Mit den Möglichkeiten des Internets wird für soziale Bewegungen und Parteien auch die Binnenkommunikation mit ihren Mitglieder bzw. Unterstützern einfacher.

- Die mediale Politik-*Substitution* beschreibt die Verlagerung bzw. das Ersetzen von politischer Arbeit von Parteigremien und politischen Arbeitsgruppen und Parlamentsdebatten hin zu Pressekonferenzen, Medieninterviews und Talkshowbesuchen. Die Arbeit einer breiten Parteibasis als Grundlage, um den Kontakt zu den Bürgerinnen und Bürger zu halten, wird (vermeintlich) ersetzt.
- Die Verschränkung von Medien und Politik *(Amalgamation)* ist das zum Teil unbewusste Resultat einer Entgrenzung und Verknüpfung von medialem und

nicht medialem Handeln. Politische Ereignisse werden medial inszeniert und choreographiert, wie etwa große Parteitage im Hinblick auf die mediale Wirkung von Werbeagenturen mitgestaltet werden. Delegierten wird dabei eine kleinere Rolle im Event zugewiesen. Eine weitere Variante der Amalgamation ist der *Embedded Journalism,* bei dem zivile Reporter wie im Irakkrieg 2003 kämpfende Militäreinheiten begleiten. Weitere Verschränkungen von Medien und Politik finden sich dort, wo Parteien selbst Parteizeitungen herausgeben, Regierungen eigene Sender oder ihren eigenen YouTube-Kanal betreiben oder Propagandafilme verbreiten.

- Um einen möglichst großen Effekt in der eigenen politischen Kommunikation, zum Beispiel beim Agenda-Setting, zu erreichen, kommt es zu einer Anpassung an die jeweilige Medienlogik *(Akkomodation).* Hier beeinflussten vor allem die Aufmerksamkeitsregeln und Darstellungsformate des Fernsehens lange die Kommunikation in der Demokratie. Heute sind dies mehr und mehr die Vorgaben der Kommunikation über das Internet, wie die Mitteilungsformate von Bloggingdiensten wie Twitter oder die Möglichkeiten, Onlinepetitionen erstellen zu können. Über das Internet bestehen neue Möglichkeiten auch für kleinere Protestgruppen, Ereignisse oder vermeidliche Ereignisse für die eignen Zwecke medial zu nutzen und aufzubereiten. Ein Extrem bildet hier die mediale Darstellung von Terroranschlägen (vgl. Schulz 2011: 33 ff.).

Ob die Medialisierung der Demokratie diese verbessert,

etwa da sich die Responsivität zwischen dem Regierungssystem und den Bürgern erhöht, den Informationszugang und die Beteiligungsmöglichkeiten der Bürger erleichtert oder ob sich diese verschlechtert, wenn sie Vertrauen der Bürger in die Demokratie und ihre Institutionen mindert (→ Kap. 4.2), sind Fragen, denen die Kommunikationsforschung versucht auf den Grund zu gehen (für erste Ergebnisse siehe Schulz 2011: 40 ff.).

Zum Nach- und Weiterdenken

Nennen Sie zentrale Aufgaben und Funktionen von Parteien in der Demokratie und erläutern Sie, anhand welcher gesellschaftlichen Konfliktlinien *(cleavages)* sich die deutsche Parteienlandschaft positioniert.

Differenzieren Sie die „Intra-" und die „Inter-Organ-Kontrolle" unter Bezugnahme auf Artikel 65 GG.

Benennen Sie (mindestens) drei zentrale Funktionen, die Medien in der Demokratie erfüllen, und reflektieren Sie vor diesem Hintergrund die Auswirkungen der Medialisierung auf die Demokratie.

Literatur zum Weiterlesen und Vertiefen

➡ Alemann, Ulrich von (⁴2010): Das Parteiensystem der Bundesrepublik Deutschland. Wiesbaden: VS Verlag für Sozialwissenschaften.
➡ Fraenkel, Ernst (⁹2011): Deutschland und die westlichen Demokratien. Stuttgart: Kohlhammer.
➡ Lijphart, Arend (²2012): Patterns of Democracy. Government Forms and Performance in Thirty-Six Countries. New Haven/London: Yale University Press.

➡ Rudzio, Wolfgang (⁹2015): Das politische System der Bundesrepublik Deutschland. Wiesbaden: Springer VS.
➡ Schmidt, Manfred G. (⁵2010): Demokratietheorien. Wiesbaden: VS Verlag für Sozialwissenschaften.
➡ Schulz, Winfried (³2011): Politische Kommunikation. Theoretische Ansätze und Ergebnisse empirischer Forschung. Wiesbaden: VS Verlag für Sozialwissenschaften.

4

Siegeszug der Demokratie?

Dieses Kapitel problematisiert die Frage, ob es sich bei der Entwicklung der Demokratien (noch) um eine Erfolgsgeschichte handelt. Nach einer Skizze der größten gegenwärtigen Herausforderungen für Demokratien (Kapitel 4.1), lernen Sie die Kontroversen um Chancen und Risiken einer Ausweitung direktdemokratischer Partizipation und der Digitalisierung für die Demokratie kennen (Kapitel 4.2). Auch in etablierten Demokratien wird ein breites Spektrum an Kritik geäußert. Dieses reicht von grundsätzlichen Leistungsgrenzen, über funktionale Selbstblockaden und normative Selbstüberforderung bis hin zu Angriffen von Seiten der Populisten und Extremisten (Kapitel 4.3). In Kapitel 4.4 werden die Bezüge von Demokratie und den Prozessen der Internationalisierung und Globalisierung der Politik beleuchtet. Betrachtet man die weltweite Entwicklung der

Demokratisierung, lässt sich eine Vielzahl von Ursachen und Wege einer Transformation von autoritären Systemen zu Demokratien beobachten. Gleichzeitig verändern sich die Demokratien und laufen Gefahr ihren Kern in einer Postdemokratie zu verlieren (Kapitel 4.5). Im abschließenden Abschnitt wird dieser Gefahr ein Ausblick auf mögliche Reformansätze und Entwicklungen zu neuen Demokratien entgegengestellt (Kapitel 4.6).

Die Demokratie setzte sich in vier großen Wellen in allen Erdteilen nach mehreren Rückschlägen und mit mehr oder minder großem Erfolg durch. Nach den Frühformen in den USA, in Frankreich und Großbritannien im 18. und 19. Jahrhundert waren bis zum Zweiten Weltkrieg zwar Demokratisierungsforderungen insbesondere von der Industriearbeiterschaft immer wieder erhoben worden, die aber nicht zu merklichen Wechseln der politischen Systeme führten. Erst die zweite Demokratisierungswelle nach dem Krieg und dem Zusammenbruch der totalitären Systeme führte in der Bundesrepublik Deutschland, in Italien und Japan die Demokratie mit der Unterstützung und auf Druck der Siegermächte ein. Die dritte Welle des Siegeszugs der Demokratie ordnet von Beyme (2000) in den späteren 1970er und die 1980er ein: in Südeuropa demokratisierten sich die vormals autoritär regierten Staaten Spanien, Portugal und Griechenland, und auch in Ostasien und Lateinamerika setzten (Re-)Demokratisierungsprozesse ein. Die vierte und bislang letzte Welle geht seit 1990 um die ganze Welt. Nach dem Zusammenbruch des kommunistischen

„Ostblocks" versuchen viele osteuropäische Staaten (vgl. Hensell 2009), aber auch Länder in Asien und Afrika die Transformation bzw. Transition zur Demokratie, sind jedoch nur teilweise erfolgreich.

Der „Siegeszug der Demokratie" um die Welt gelingt also nicht problemlos, sondern ist von vielen ökonomischen, kulturellen und sozialen Krisen begleitet. Und nicht wenige Probleme hat die Demokratie in ihren „Ursprungsgebieten" in Nordamerika und im westlichen Europa zu bewältigen, so dass Kritiker eine Entwicklung zur Postdemokratie befürchten – ein politisches System auf dem Demokratie draufsteht (formal demokratisch gewählte Parlamente und Staatschefs), aber keine Demokratie mehr drin ist, weil z. B. der pluralistische Wettbewerb um die besten Ideen oder die Gewährleistung wichtiger Grundrechte eingeschränkt wird. An einigen Beispielen sollen – mit teilweise groben Strichen – einige Probleme, mögliche Konsequenzen und Reformansätze für die heutige Demokratie skizziert werden.

4.1 Problematisierung

Als Typus legitimer Herrschaftsausübung zeigt sich die Demokratie als eine Staatsform von hoher Anerkennung, die – so scheint es häufig – einen Siegeszug durch die Welt angetreten hat. Betrachtet man die Entwicklungen in den Staaten des sogenannten Arabischen Frühlings oder seit 2016 in der Türkei oder in Russland, so lässt sich feststellen, dass sie jedoch auch den ein oder anderen Dämpfer erhalten hat. Wenn also häufig vom Siegeszug der Demokratie gesprochen wird, muss doch hinterfragt werden, ob die Demokratie gelebt wird oder ob nur quasi-demokratische Strukturen aufgebaut werden. Dass die Achtung der Grund- und Menschenrechte auch in formal-demokratischen Staaten zu wünschen übrig lässt, wird aus den Berichten von Amnesty International immer wieder deutlich. Dass Minderheitenschutz und gesellschaftlicher Interessenausgleich nicht Standard sind, belegen die vielen Meldungen über Bürgerkriege, ethnische Auseinandersetzungen und immense Fluchtbewegungen. Dass insbesondere junge Demokratien auf wackligen Beinen stehen, ist eine Schlussfolgerung aus militärischen Putschen, wie sie immer wieder gemeldet werden. Und dass Parlaments- oder Präsidentenwahlen nicht unbedingt Ausdruck von Demokratie sind, zeigen die Erfahrungen in einigen arabischen, afrikanischen und asiatischen Staaten. Nicht in allen Staaten, die sich Republik nennen, hat das Volk auch etwas zu sagen. Und das Etikett „Demokratie" angereichert mit einigen demokratiespezifischen Formalien reicht auch nicht aus, wenn nicht ein politisches Zusammenwirken der in den vorigen Kapiteln genannten Akteure tatsächlich umgesetzt wird.

Die moderne Demokratie hat in den Ländern ihre Hochburgen, die eine eigentümliche rechtliche, religiös-kulturelle und wirtschaftliche Tradition haben: die neuzeitlichen Verfassungsstaaten des Abendlandes, zu deren Kulturgut das römische und das germanische Recht, die christlichen Religionen und zu deren Ressourcenausstattung ein relativ hoher Stand wirtschaftlicher Entwicklung gehören. Volkswirtschaftlicher Reichtum, hohe soziale Differenzierung sowie Säkularisierung und eine ausgeprägte Vorstellung von der Autonomie des Individuums sind in diesen Ländern ausgeprägt und eine Grundlage für das Gelingen der Demokratie (vgl. Schmidt 2010: 426 ff.).

Aber auch in diesen Ländern sind Krisen zu verzeichnen, die hohe Anforderungen an Staat und Gesellschaft stellen, wenn es denn Ziel sein soll, die Demokratie zu erhalten. In vielen demokratischen Staaten ist zum Ende des 20. und zu Beginn des 21. Jahrhunderts jedoch ein sinkendes Vertrauen in Institutionen des Systems und teilweise in das System selbst zu erleben. Politikverdrossenheit macht sich breit, das Volk zweifelt an Entscheidungen und Kompromissen, beklagt die Kurzsichtigkeit bzw. Kurzfristigkeit politischen Handelns (Stichworte: Klimakatastrophe, Umgang mit Migration). Noch sind die Demokratien stabil, doch Krisen sind sichtbar. Einige Aspekte können benannt werden:

Die Frage „Does politics matter?" oder „Was bewirkt eigentlich Politik?" wird für den Politikwissenschaftler wie für den politisch interessierten Bürger immer bedeutsamer. Ist Politik denn immer noch die „Regelung öffentlicher Angelegenheiten" und verfügt sie über Gestaltungskraft, Probleme zu erkennen und zu lösen? Oder setzt sich eine Politik des „Sich-Durchwurstelns", die inkrementalistische Politik durch (vgl. Böhret et al. 1988: 263 ff.)? Werden Probleme also nur noch gemanagt und nicht mehr gelöst? Völlig anders und trotzdem demokratietheoretisch problematisch stellte sich das Markt-Staat-Verhältnis in und nach der Finanz- und Wirtschaftskrise 2008/09 dar: Waren staatliche Eingriffe in die Wirtschaft oder auch nur staatliche Kontrollen verpönt, so wurde nun in allen Bereichen nach staatlicher Hilfe, Konjunkturpaketen, Rettungsschirmen, Kontrollsystemen und anderem gerufen, um Banken und Industriebetriebe vor dem Kollaps zu retten. Doch auch hier wirkt die Politik als Getriebene und nicht als gestaltende Kraft. Wenn aber Politik als staatliche Aktion von Regierung und Parlament nur noch Entwicklungen moderiert, die von anderen bestimmt werden, muss die Frage gestellt werden, was denn hieran demokratisch sei.

Aber auch in anderen Bereichen wird deutlich, dass nicht „die Politik" gestaltet. Besonders akut wird die Nachträglichkeit der Politik im Technologiebereich deutlich. Die technischen Wissenschaften verzeichnen einen politischen Bedeutungsgewinn. Parlamente und Regierungen verfügen in der „Risikogesellschaft" (Beck 1986) nicht mehr über ein eigenständiges Wissen wie Risiken einzuordnen sind, welche Grenzwerte einer inzwischen unvermeidlichen Giftaufnahme aus Luft, Wasser, Nahrung etc. eine vermeintlich gesundheitsgefährdende oder gesundheitsunschädliche Wirkung trennen. Klassische politische Instrumente wie Gesetz, Rechtverordnung oder Verwaltungsvorschrift verlieren ihren Wert, da ihr Inhalt keinen politischen Rang mehr besitzt, sondern nur noch in eine legitimierende Hülse pressen, was die Technikwissenschaft für sich selbst kalkuliert hat. Politik (und Bevölkerung) verwenden Begriffe wie Becquerel, rem, Glykol, ppm (pieces per million), BSE und ähnliche, ohne diese mit Inhalten füllen zu können.

Es entsteht eine Entgrenzung von Politik, denn „so wandert nun das Potential der Gesellschaftsgestaltung aus dem politischen System ins subpolitische System wissenschaftlich-technisch-ökonomischer Modernisierung ab. Es kommt zu einer prekären Umkehrung von Politik und Nichtpolitik. *Das Politische wird unpolitisch und das Unpolitische politisch*" (Beck 1986: 305, Hervorhebung im Original). Wenn die Politik den staatlichen Bereich verlässt, kann dies natürlich auch eine neue Form von Demokratie herausbilden, da nun die Gesellschaft bzw. auch gesellschaftliche Bereiche wie Ökonomie, Technik und Wissenschaft die Richtungen (mit-)bestimmen. Wenn aber insbesondere die Letztgenannten hier über die Gestaltungsmacht verfügen – und Macht hier auch durchaus im Weberschen Sinne verstanden –, so ist anzumerken, dass ihnen die gesellschaftliche und politische Legitimierung fehlen. So wird dann legitime Herrschaft durch die Macht „unpolitischer" Eliten gebrochen. Vor diesem Hintergrund gewinnt die Äußerung des Nichtwählers, dass seine Stimme bei demokratischen Wahlen ja doch nichts bewirke, eine beklemmende Bedeutung.

Die nationalstaatlich geprägte Demokratie verliert augenscheinlich an politischer Legitimität angesichts der Internationalisierung von Politik und der Globalisierung der Wirtschaft (→ Kap. 4.4), man denke nur an die sich durch vermehrte Verkehrsmöglichkeiten, neue Kommunikationstechnologie, wirtschaftliche und soziale Entwicklung veränderten Produktions- und Absatzmärkte für Industrie- und Dienstleistungsprodukte. Der Sozialstaat in der Bundesrepublik Deutschland und auch in anderen europäischen Staaten scheint in die Krise geraten zu sein. Eine weiterhin hohe Zahl an Arbeitslosen, Niedriglohnbeziehern und Sozialhilfeempfängern ist in

Europa zu verzeichnen, das Zahlenverhältnis zwischen Arbeitenden und Rentnern verschiebt sich: immer mehr Renten sind von immer weniger Arbeitenden zu finanzieren. Viele öffentlichen Haushalte sind überschuldet. Und am Horizont droht aus Sicht einiger Arbeitnehmer der Verlust von Arbeitsplätzen durch die Digitalisierung und die sogenannte Industrie 4.0. Betriebswirtschaftlichen Vorteilen stehen massive volkswirtschaftliche Herausforderungen entgegen. Wenn aber die wirtschaftliche Kraft nachlässt und sich soziale Probleme verschärfen, verliert das politische System an affektiver Unterstützung, der soziale Frieden wird gestört und die demokratischen Werte verlieren an Bedeutung im Volk (→ Kap. 4.3.3). Immer mehr weitreichende und auch das Individuum betreffende politische Entscheidungen werden nicht mehr auf nationalstaatlicher Ebene von den hierfür demokratisch legitimierten Parlamenten und Politikern entschieden. Die Europäische Union fällt ihre Entscheidungen in den nur mittelbar demokratisch legitimierten Institutionen EU-Kommission und Ministerrat sowie dem direkt legitimiertem europäischen Parlament. Letzteres hat jedoch im Vergleich zu nationalen Parlamenten nur geringe Kompetenzen. Das für demokratische Systeme als Kernelement benannte und beschriebene System von Inter-Organ-Kontrollen greift nur unzureichend. Hier sind für die EU jedoch mit den Verträgen von Amsterdam und Nizza sowie mit dem Vertrag von Lissabon erste Verbesserungen der demokratischen Binnenstruktur erreicht worden.

Demokratie als Staatsform der Reform und des sozialen und wirtschaftlichen Aufbruchs entwickelte sich – zumindest für die in ihr lebenden Bürger – zur Selbstverständlichkeit. Viele der die demokratische Entwicklung auslösenden Konflikte sind zwar noch erhalten, aber die Utopie der Gesellschaftsgestaltung wird überdeckt vom Händeln der aktuellen Probleme. Visionen zur Zukunftsgestaltung sind rar geworden, der Status quo steht im Blickfeld der politischen Akteure und der Bürgerschaft. Aber Verteidigung von Besitzständen und Ausgrenzung von anderen (Migranten in den Staaten oder die Probleme der sog. Entwicklungsländer in der Dritten Welt) sind nur eine unzureichende Basis für die Demokratie. Der Sachzwang ersetzte die Vision, das Management ersetzte die Planung, die Kurzfristigkeit löste die Perspektive ab. Konzeptionslosigkeit vieler Politiker wie auch die mangelnde Kritik der Öffentlichkeit resultieren anscheinend aus allgemeiner Ratlosigkeit. Eine anscheinende „Alternativlosigkeit" von politischen Entscheidungen stellt ein Problem für die Demokratie dar. Eine Demokratie lebt vom Streit und vom Konflikt. Wenn Demokratie eingegrenzt wird auf die formalen Aspekte und formalen Abläufe, verliert sie ihre Grundlage. Eine „Politik ohne Projekt" kann nur in einer halbherzigen Demokratie stattfinden. An diesem Punkt scheinen wir zu sein.

Zum Nach- und Weiterdenken

Was sind nach Ihrer Einschätzung die zwei schwierigsten Problemfelder, die sich für aktuelle Demokratien ergeben?

Welche Anforderungen ergeben sich daraus für die Gestaltung des politischen Systems?

4.2 „Wir sind das Volk!" – Wege zu mehr Volkssouveränität?

4.2.1 Bürgerliche Partizipation

Im Herbst 1989 war es der Ruf „Wir sind das Volk!", der die Forderung nach einer Demokratisierung der DDR formulierte – bevor später der Ruf umgewandelt wurde in „Wir sind ein Volk!", der als Forderung zur Vereinigung mit der Bundesrepublik galt und schließlich das DDR-System zusammenbrechen ließ. „Wir sind das Volk!" gilt jedoch auch als Synonym für die Betonung des demokratischen Prinzips der Volkssouveränität. Nicht nur in Deutschland wird von Teilen der „politischen Klasse", sondern auch aus der Bürgerschaft beklagt, dass die Volkssouveränität aber eher nur „als Begründungsmythos" (Evers 2011: 26) für eine real geltende Staatssouveränität gelte. Angesichts einer virulenten Politik(er)verdrossenheit, verfestigter demokratischer Einstellungen infolge besserer politischer Bildung sowie offenkundiger Defizite der Parteienpolitik fordern sie, dass die Legitimierung staatlichen Handelns nicht weiterhin nur durch periodische Wahlen, sondern auch durch direktdemokratische Partizipation gesichert werden solle. Sie berufen sich dabei explizit auf die Grundgesetznorm des Art. 20 Abs. 2: „Alle Staatsgewalt geht vom Volk aus. Sie wird vom Volke durch Wahlen und Abstimmungen und durch besondere Organe der Gesetzgebung, der vollziehenden Gewalt und der Rechtsprechung ausgeübt."

Doch anders als in der Schweiz, den USA und in vielen europäischen Staaten sind in Deutschland Formen der direkten Demokratie auf der Bundesebene bislang nicht vorgesehen[17], finden jedoch im kommunalen Bereich als Bürgerbegehren und Bürgerentscheide einigen Raum.

Befürworter von mehr direkter Demokratie sehen die Entwicklung Deutschlands zu einer von Parteien beherrschten Demokratie und die Beschränkung der bürgerschaftlichen Partizipation an politischen Entscheidungen als maßgeblich für die verbreitete Parteien- und Politikverdrossenheit, für politisches Desinteresse und rückläufige Wahlbeteiligungen. Sie sehen in der Ermöglichung von direkter Demokratie eine Bürger motivierende und einbeziehende Ergänzung des repräsentativen Systems, die neue Legitimität und größere Akzeptanz der Politik erzeuge. Die in einzelnen Bundesländern und vielen Kommunen gemachten Erfahrungen mit Bürgerbegehren und -entscheiden seien – so die Akteure des Vereins „Mehr Demokratie e. V." – so positiv, dass auch auf Bundesebene die Verankerung direktdemokratischer Elemente eingeführt werden sollten.

Grundsätzlich sind drei verschiedene Formen von direkter Demokratie auf Bundesebene zu unterscheiden:

---

17 Die einzigen im Grundgesetz vorgesehenen Ausnahmen bilden Volksabstimmungen zur Neugliederung des Bundesgebietes (Art. 29 Abs. 2 GG) oder zur Einführung einer neuen Verfassung (Art. 146 GG). Erfolgreich wurden diese erst einmal 1952 bei der Gründung des Bundeslandes Baden-Württemberg angewendet (vgl. Kost 2013: 67 f.).

a) Die Volksinitiative bezieht sich auf die Forderungen aus dem Volk nach einem Gesetz oder einer Neufassung eines Gesetzes.
b) Das fakultative Referendum wird vom Volk mittels eines Volksbegehrens beantragt, wenn ein jüngst vom Parlament beschlossenes Gesetz dem Votum des Volkes ausgesetzt werden soll. Im Regelfall wird ein fakultatives Referendum von den Gegnern der Regelung angestrebt und ist somit ein Oppositionsinstrument.
c) Das obligatorische Referendum ist in vorab zu definierenden Entscheidungsfällen durchzuführen. Es könnte z. B. festlegt werden, dass alle Verfassungsänderungen der Zustimmung des Volkes bedürfen, um gültig zu werden.

In der Diskussion, ob und wie direktdemokratische Elemente in die bundesdeutsche Politik aufgenommen werden sollen und können, werden unter anderem folgende Fragen näher zu prüfen sein:

- Wie kann effektiver Minderheitenschutz (z. B. der Ausländer) gewährleistet werden?
- Dürfen sich Volksinitiativen auch auf die Grund- und Menschenrechte beziehen und so z. B. gegebenenfalls die Wiedereinführung der Folter von Straftatverdächtigen zum Inhalt haben?
- Ist angesichts der Komplexität von politischen und juristischen Themen eine allgemeine Befragung und die Reduktion der Entscheidungsalternativen auf zwei bis drei Optionen überhaupt sinnvoll möglich?
- Wie kann der Einfluss von rhetorisch mächtigen und

charismatisch wirkenden Demagogen und Populisten begrenzt werden?
- Ist angesichts unterschiedlicher Organisations- und Konfliktfähigkeit mit ungleichen Kapital-, Personal- und Medienressourcen von gesellschaftlichen Interessen eine „Waffengleichheit" bei Volksinitiativen und Referenden zu erreichen?
- Besteht die Gefahr, dass durch Volksabstimmungen die Entscheidungsgeschwindigkeit und Entscheidungseffizienz gemindert wird und auch in Deutschland die aus der Schweiz bekannte „helvetische Verzögerung" Einzug hält?

Andererseits gilt es zu fragen:

- Würde nicht die Chance der erweiterten Partizipation dazu führen, dass die Bürgerinnen und Bürger sich intensiver mit politischen Sachfragen befassen und damit die Informiertheit zunimmt?
- Hätten nicht z. B. die Entscheidungen zur europäischen Integration mehr Akzeptanz und Legitimität, wenn das Volk selbst darüber befunden hätte?
- Würden nicht auch (endlich?) Themen und Probleme auf die politische Tagesordnung gesetzt, denen sich die etablierte Politik bislang verweigerte oder die von mächtigen Interessensorganisationen blockiert wurden?

Die Politikverdrossenheit und die Probleme eines in Teilen erstarrten politischen Systems auf der einen Seite und eine Ausweitung populistischer Bewegungen, die mit direktdemokratischen Verfahren den „Volkswillen" durchsetzen wollen, auf der anderen Seite bedürfen einer Aufarbeitung. Die Vorschläge von „Mehr Demokratie e. V." können als ein Diskussionsbeitrag gewertet werden. Allerdings bedürfen die o. g. Fragen einer intensiven Prüfung und sie deuten an, dass Volksbegehren und Volksentscheid wahrscheinlich nicht *die* Lösung der Probleme darstellen.

4.2.2 Digitalisierung der Demokratie

Nicht minder problematisch sind die Hoffnungen, die auf das Internet als Demokratie förderndes Medium gerichtet werden. Die seit der Mitte der 1990er Jahre zu beobachtende rasche Ausweitung der Internetnutzung in der Bevölkerung[18], die rasant gewachsene Zahl an Internetangeboten seitens politischer Akteure wie Parteien, Interessensorganisationen, Bürgerinitiativen etc. sowie der staatlichen Organe sowie das kommunikative und interaktive Potential des Mediums ließ in den Jahren um die Jahrhundertwende die Hoffnung keimen, dass das Internet einen Beitrag leiste,

„(1) [...] als Medium der *politischen* Information, Partizipation und Mobilisierung, man denke nur an die seit 2008 im

---

18 Eine ARD/ZDF-Online-Studie im Jahr 2016 ergab, dass 83,8 Prozent der er deutschsprachigen Bevölkerung ab 14 Jahren in Deutschland das Internet nutzen (Eimeren/Frees 2016: 419).

Internet geführten Präsidentschaftswahlkämpfe in den USA und der zunehmend Nutzung in auch in deutschen Wahlkämpfen], (2) seinen Beitrag zu mehr Chancengleichheit für alle Arten von wirtschaftlichen, zivilgesellschaftlichen und politischen Akteuren sowie (3) den Grad der Nutzung interaktiver und dezentraler netzbasierter Kommunikationsformen." (Rucht/Yang/Zimmermann 2008: 22 f.)

Tatsächlich bietet das Internet erheblich mehr Möglichkeiten, die den politischen Diskurs befruchten. Und so wie auch andere technisch-mediale Errungenschaften (Rotationsmaschinen für Zeitungsdruck, Radio, Fernsehen, Telefon, Fotokopierer und Fax etc.) nach ihrer Einführung die politische Kommunikation beeinflussten und durchaus positive Effekte der Demokratisierung auslösten, verändert das Internet die Politik. Leichter, schneller und kostengünstiger stehen vielfältige Informationen aus dem politischen Bereich den Bürgerinnen und Bürgern zur Verfügung. Unkomplizierter können politische Akteure ihre Positionen veröffentlichen und damit den Diskurs beeinflussen. Die Hemmschwellen zur direkten Kontaktaufnahme der Bürger/innen mit Politikern wurden durch E-Mail, Chats und Newsgroups deutlich gesenkt. Die Möglichkeiten der Einsicht in Parlamentsprotokolle, in Projekte der Regierung oder die Vorhaben und Haltungen von Interessensorganisationen sind um ein Vielfaches einfacher geworden. Internet-Nutzer können sich über politische Fragen an Hand von Originaltexten und -daten informieren und sind nicht mehr nur auf die Aufbereitung der Informationen durch z. B. Zeitungs- und Fernsehjournalisten angewiesen, so dass Verzerrungen und Verkürzungen reduziert werden. Das Volk kann also über mehr Originalinformation verfügen, sich besser eine Meinung bilden, selbst über das interaktive Medium seine Meinung äußern, mit weniger zeitlicher und räumlicher Begrenzung mit Anderen über Politik kommunizieren, so dass die Voraussetzungen für politische Partizipation verstärkt werden.

Die Möglichkeiten der digitalen Partizipation lassen sich in solche, die *top-down* von der Regierung initiiert, und solche, die *bottom-up* von der Zivilgesellschaft organisiert werden, unterscheiden (vgl. Aichholzer/Strauß 2016: 66 f.).

- *Information und Kommunikation:* Nahezu alle relevanten Behörden, u. a. der Kommunen über die der Länder und des Bundes bis zu denen der Europäischen Union, Parteien, Interessensvereinigungen und Initiativen sind im Internet mit Selbstdarstellungen, Programminformationen, Organisationshinweisen, Datenbanken etc. vertreten. Vielfältige leicht zugängliche Interaktionsmöglichkeiten mit Chat-Rooms, Newsgroups, Gästebüchern, Kummerkästen, E-Mail-Kontakten und Weblogs ergänzen das auf Informationsweitergabe ausgerichtete Angebot.
- *Partizipation:* Viele öffentliche und politisch engagierte Anbieter unterbreiten der allgemeinen Netzöffentlichkeit oder registrierten und autorisierten Nutzern die Möglichkeit an Programmdiskussionen teilzunehmen, ihre Position zu Sachfragen mitzuteilen, an Abstimmungen teilzunehmen oder gar an virtuellen Parteitagen oder virtuellen Mitgliederversammlungen

mitzuwirken. Regierungen bieten die Möglichkeit sich an Konsultationsverfahren und Bürgerhaushalten online beteiligen. Zusätzlich besteht die Möglichkeit online Petitionen, zum Beispiel beim Deutschen Bundestag, einzureichen.
- *E-Government:* Unter diesem Stichwort werden die von staatlichen Stellen im Netz bereitgestellten Informations- und Kommunikationsmöglichkeiten subsumiert. Von der Anmeldung eines Gewerbes oder dem Einblick in die Liste der in Deutschland vergebenen Patente über die Einreichung der Steuererklärung oder dem Download von Antragsformularen bis hin zur Betrachtung von öffentlichen Statistiken oder zur Information über Umweltfragen reicht das wachsende Angebot der elektronischen Verwaltung, das den staatlichen Dienstleistungsaspekt betonen soll.
- *E-Voting* steht für Computer gestützte Wahlverfahren, wie sie in Estland bei allen Wahlen seit 2005 eingesetzt werden, bei denen vom heimischen PC aus oder in den Wahllokalen die Stimme abgegeben wird. Befürworter des eVoting erhoffen sich die Minimierung von Zählfehlern und Wahlbetrug sowie eine beschleunigte Auswertung des Wahlgangs. Kritiker befürchten neue Möglichkeiten der Wahlmanipulation (vgl. Linder et al. 2016: 14).

Über das Ziel und das Ausmaß der „Computerdemokratie" wird heftig diskutiert.

„Unter den Stichworten E-Government, E-Verwaltung, E-Administration geht es einerseits um die Nutzung der neuen

Technologie für ein effektiveres und transparenteres Verhältnis zwischen staatlichen Verwaltungen und Bürger. Unter der Überschrift E-Democracy geht es andererseits um die Chancen und Möglichkeiten der Nutzung des Netzes im politischen Verhältnis der Bürger untereinander und zu den gewählten Vertretern." (Buchstein/Neymanns 2002: 9)

Im Bereich der E-Democracy sehen die Anhänger der *Liquid Democracy* in der Digitalisierung die Voraussetzungen geschaffen, um ein neues demokratisches System zu ermöglichen, was die Stärken der direkten und der repräsentativen Demokratie kombiniert. Die Idee, jedem Bürger die Möglichkeit zu geben, über alles mit abzustimmen (direktdemokratisch), wird kombiniert mit dem Konzept, dass Wähler ihre Stimmen an eine Person, der sie in dieser Frage vertrauen bzw. diese für kompetent in diesem Bereich halten, delegieren (repräsentativ). Diese Person, welche nun über mehrere Stimmen verfügt, kann diese Stimmen weiter delegieren. Jederzeit kann der Bürger entscheiden, ob er selbst entscheiden oder seine Stimme delegieren will (themenbezogene transitive Stimmenübertragung) (vgl. Nitsche 2014). In Deutschland ist die Verbreitung dieses Konzeptes und der Versuch einer ersten innerparteilichen Umsetzung eng mit der Piratenpartei und ihrem Konzept des *Liquid Feedbacks* verbunden, welches es ihren Parteimitgliedern ermöglichen sollte, digital ihre Position zu verschiedenen Themen zu kommunizieren und entsprechend abzustimmen (vgl. Swierczek 2014).

Aus dieser *bottom-up*-Perspektive soll die Vergrößerung der Kommunikationsmöglichkeiten, der im Internet mögliche anti-hierarchische Diskurs, die Förderung von Meinungsfreiheit und Meinungsäußerung und die Möglichkeit für digitale Aktivitäten und Kampagnen die Voraussetzungen für eine uneingeschränkte Öffentlichkeit schaffen, die eine „wahre" Volkssouveränität ermöglichen soll.

Diesen optimistischen Haltungen, wie sie im Lob der Rolle der sozialen Medien im so genannten arabischen Frühling deutlich wurde, wird von den Kritikern mit deutlicher Skepsis begegnet – wobei die Grundsatzkritik an der Computerisierung der Welt und den Folgen für das menschliche Zusammenleben zwischen Realität und Virtualität hier unberücksichtigt bleiben soll. Ernster zu nehmen ist aber die Widerlegung der Unterstellung, Bytes hätten keine Rasse, kein Geschlecht, keine Religion und kein Alter. Dies mag für die Daten selbst in Ansätzen gelten, doch bei den Netznutzern zeigen sich sehr wohl deutliche sozioökonomische und soziodemographische Spezifikationen. Hat sich zwar die Strukturierung, dass Online-Bürger jünger, männlicher, höher gebildeter, reicher und „weißer" als der Gesellschaftsdurchschnitt sind, stark abgemildert, bedeutet dies jedoch immer noch, dass ältere Mitbürger über 60 das Internet zu über 43 Prozent in Deutschland nicht nutzen, wobei im Vergleich hierzu bei den 14- bis 49-Jährigen eine zumindest seltene Internetnutzung von nahezu 100 Prozent festzustellen ist. Ältere Menschen werden somit weniger von der Computerdemokratie erreicht bzw. gar von ihr ausgeschlossen, was ihre demokratische Teilhabe in diesem Bereich mindert (vgl. Eimeren/Frees 2016: 421).

Unter Verweis auf die „politische Ökonomie des Netzes" bezweifeln die Kritiker, dass der Grundsatz der demokratischen Gleichheit gewahrt bleiben könnte. Finanzstarke und einflussreiche Medienkonglomerate nehmen das Netz bereits in großen Teilen in Beschlag. Im Internet seien die gleichen dominanten Interessengruppen und Akteure präsent wie außerhalb des Internets, kleinere Anbieter politischer Inhalte würden im Internet durch den Zwang der Informationsselektion systematisch benachteiligt (vgl. Rucht/Yang/Zimmermann 2008: 25). Hilbert (2007: 154 ff.) weist darauf hin, dass das Internet, anders als (öffentlicher) Rundfunk und Fernsehen, nicht frei von mächtigen gesellschaftlichen Interessengruppen sei und es für das Internet kein Aufsichtsgremium gebe, das den Meinungspluralismus sicherstellt. „Dem Konzentrationsprozess und der daraus resultierenden Dominanz von einigen wenigen kommerziellen Inhaltsanbietern, wie zum Beispiel *Google, Amazon, Facebook, Twitter*, ist keine effektive Maßnahme entgegengestellt. Durch den Fokus auf Infotainment in digitalen Netzwerken haben also große und finanziell mächtige Gruppen größere Chancen das knappe Gut Aufmerksamkeit auf sich zu lenken." (Hilbert 2007: 158 f.)

Ungelöst ist auch weiterhin das problematische Verhältnis von Redefreiheit und demokratischer Zensur. Am Beispiel *Facebook* wird deutlich, dass sowohl die Zensur von Inhalten[19], als auch eine nicht durchgeführte Kontrolle und Zensur der Inhalte bei Hassbotschaften

---

19 So löste die von *Facebook* auf dem Profil einer norwegischen Tageszeitung gelöschten mit dem Pulitzer-Preis ausgezeichneten Fotografie eines vor einem Napalm-Angriff fliehenden nackten

zu Kritik führen. Besonders in Deutschland wird vor dem Hintergrund der Debatte um Rassismus, Fremdenfeindlichkeit und Nationalismus kritisch die deutliche Netzpräsenz von Neonazis mit aggressiven Inhalten, verbotenen Symbolen und nicht selten auch Aufrufen zu kriminellen Taten betrachtet. Gehen manche Provider in Deutschland dazu über, derartige Inhalte nicht zu publizieren, so ist der Zugang über ausländische Anbieter bisher noch möglich. Doch nicht nur die Verbreitung von politisch, juristisch und moralisch fragwürdigen Inhalten stellt in dem „anarchischen" Netz ein Problem dar. Es findet sich eine oft mangelhafte Debattenkultur, in der es nicht zu einer urteilsbildenden Auseinandersetzung, sondern oft nur zum Posten von Meinungsfragmenten in sozialen Teilräumen kommt, welches den Populismus fördert (→ Kap. 4.3.4). Werden Diskussionen und Entscheidungen plakativ auf ein Thema reduziert, so mag die digitale Mobilisierung der Bürger gelingen, jedoch besteht die Gefahr, zu insgesamt inkonsistenten Entscheidungen zu kommen (vgl. Aichholzer/Strauß 2016: 64 ff.; → Kap. 4.3.2).

Die Spuren, die jeder Nutzer im Netz hinterlässt, und die im Prinzip für jeden „Hacker", einige Internetunternehmen oder Regierungen lesbaren Inhalte lösen das Private der Kommunikation auf und schaffen auch für Unbefugte einen Einblick in die persönliche Interessenlage, das Konsumverhalten und die Orientierungen der Nutzer. Versuche, diesen Einblicken mit Verschlüs-

Mädchens im Vietnamkrieg eine Debatte um Inhaltsbeschränkungen auf *Facebook* aus.

selungen zu begegnen, sind technisch weit fortgeschritten, werden aber teilweise von Strafverfolgungsbehörden misstrauisch betrachtet.

Nicht zuletzt bleibt zu prüfen, ob die schier unüberschaubare Informationsmenge im Internet, die nicht selten unklare Herkunft der Informationen und die Manipulationsmöglichkeit der Inhalte nicht zu einer Überforderung der politisch interessierten User führt. Ein Mehr an Informationen heißt nicht immer bessere Informationen zu erlangen und die Qualität und Wiedersprüche von einzelnen Informationen müssen durch den Bürger bewertet werden. Wo dies nicht möglich ist, kann dieses Mehr an Informationen sogar zu weniger Transparenz und dem Verlust von Vertrauen und weniger Rationalität führen. So wichtig der ungehinderte Zugang zu Originalquellen und freien Informationen auch ist, so dringend notwendig bleibt für die Meinungsbildung auch die strukturierte Aufbereitung von Informationen, die geschulte kritische Zusammenschau konkurrierender Positionen sowie die Vermittlung von Bewertungen, die bisher z. B. von den Journalisten der Printmedien und des Fernsehens sowie von der publizierenden Wissenschaft geleistet wird.

Zum Nach- und Weiterdenken

Erörtern Sie Chancen und Risiken einer Ausweitung direktdemokratischer Partizipationsmöglichkeiten.

Beurteilen Sie mögliche Auswirkungen der Digitalisierung auf Demokratien.

4.3 Demokratiekritik in etablierten Demokratien

Die Demokratie in den westlichen Staaten ist eine weithin akzeptierte, jedoch nicht unbedingt aktiv geliebte Staatsform. Politikverdrossenheit, Erfolge populistischer Gruppierungen, gesunkenes Ansehen von Parlament und Parlamentariern sind Anzeichen für Mängel in der – wenn auch nicht Krise der – Demokratie. Immerhin stimmten 2014 noch 90 Prozent der Westdeutschen dem Satz „Die Demokratie ist die beste Staatsform" zu. Bei den Bürgerinnen und Bürgern in Ostdeutschland sank die Zustimmung von 78 Prozent im Jahr 2000 auf zwischenzeitlich 63 Prozent im Jahr 2006, um 2014 den höchsten Wert nach der Wiedervereinigung mit 82 Prozent zu erreichen. Wird nicht die allgemeine Einstellung zur Demokratie als Verfassungsnorm bewertet, sondern die Zufriedenheit mit der Demokratie als Verfassungswirklichkeit abgefragt, so zeigt sich stärkere Kritik. „Im Zeitraum zwischen 1991 und 2015 ist im Westen Deutschlands durchschnittlich eine klare Mehrheit von 66 % der Bürger zufrieden, im Osten ist es dagegen lediglich eine Minderheit von 42 %." (Fuchs/Roller 2016: 408 f.). Im internationalen Vergleich liegt die Demokratiezufriedenheit der Deutschen über dem europäischen Durchschnitt. Sind es gemäß des Eurobarometers 2015 hier 71 Prozent, die sich zufrieden zeigen, so ist der Abstand zu den demokratiezufriedensten Bürgern von Dänemark (91 %), Schweden (82 %) oder Luxemburg und Finnland (80 %) in den letzten Jahren deutlich kleiner geworden. Gleichzeitig zeigen sich in einer sehr geringen

Demokratiezufriedenheit in Südeuropa auch Auswirkungen der Staatsschuldenkrisen (vgl. ebd.: 407–410).

Als wesentliche Auslöser für die nicht unerhebliche Kritik sind nach Michael Vesper (2001: 160 ff.) insbesondere zwei Effekte maßgeblich. Sie „richtet sich zum einen gegen undurchsichtige und undemokratische Entscheidungsprozesse. 70 Prozent finden es nicht richtig, dass ‚immer häufiger politische Entscheidungen außerhalb der dafür vorgesehenen Gremien ausgehandelt' werden. 89 Prozent bestehen darauf, dass ‚politische Entscheidungen durch demokratische Verfahren zu Stande kommen' […] Zum anderen fordern 77 Prozent, ‚dass politische Entscheidungen rasch getroffen werden'" (ebd.: 165). Letztlich formulieren die Bürgerinnen und Bürger damit einerseits ein Demokratiedefizit beim staatlichen Entscheiden und Handeln und andererseits Effizienzdefizite.

Die Tatsache, dass auch in anderen westlichen Demokratien ähnliche Phänomene der Unzufriedenheit und Politikverdrossenheit festzustellen sind, ist als Indiz für Probleme der Demokratie an sich zu werten. Leistungsgrenzen, funktionale Selbstblockaden, normative Selbstüberforderung und populistische und extremistische Tendenzen in westlichen Demokratien werden aus diesem Grund im Folgenden einer näheren Analyse unterzogen.

4.3.1 Leistungsgrenzen der Demokratie

Herausforderungen ergeben sich für Demokratien dort, wo sie an ihre Leistungsgrenzen stoßen. Diese ergeben sich zum Beispiel aus dem Spannungsverhältnis von Sicherheit und Freiheit oder auch einer ungenügenden Fähigkeit, zukünftige Entwicklungen in der gegenwärtigen Politik zu berücksichtigen. In letzterem Bereich scheinen Demokratien eine starke Gegenwartspräferenz an den Tag zu legen, welche dazu führt, dass notwendige Zukunftsvorsorge unterbleibt und aktuelle Probleme zu Lasten zukünftiger Generationen gelöst werden. Neben dieser bedingt durch die demographische Alterung sich noch verstärkender Tendenz einer Generationenungerechtigkeit gibt es zukünftige Unwägbarkeiten bei der Frage des Umgang mit dem wissenschaftlich Möglichen in Bereichen der Medizin (z. B. der Eugenik), der künstlichen Intelligenz und autonom agierender Maschinen (vgl. Brodocz et al. 2008: 18 f., Schmidt 2010: 501).

Betrachtet man die optimistische Annahme der friedensstiftenden Wirkung von Demokratien, wie ihn Anhänger des Konzeptes des demokratischen Friedens vertreten[20], also dass Demokratien untereinander keinen

---

20 Dem Ansatz des demokratischen Friedens nach „wird jenseits von unmittelbarer Selbstverteidigung Krieg als Mittel der Politik von demokratischen Bürger/innen aus eigennützig-materiellen wie aus moralischen Gründen abgelehnt, im Laufe historischer Lernprozesse bilden sich so Präferenzen für friedlichen Mittel der Konfliktlösung heraus. Demokratische Verfahren und Institutionen sorgen schließlich dafür, dass kriegsgeneigte Regierungen ihre Absichten nicht in die Tat umsetzen, da sie aus Furcht

Krieg führen (vgl. Schmidt 2010: 476), so mag dies solange gelten, wie sich feststellen lässt, dass wenn es zu Konflikten – wie zwischen der Ukraine und Russland – kommt, mindestens ein Staat wohl keine „lupenreine" Demokratie sei. Zugleich stellt sich jedoch heraus, dass heutige Demokratien verbreitet dazu neigen, sich über die Konstruktion eines Anderen zu definieren. Hier werden starke Feindbilder wie „Schurkenstaaten", „Achse des Bösen" oder der Islamische Staat genutzt (vgl. Geis 2008: 173). In der Situation einer solchen Bedrohung ergänzt um Bedrohungsszenarien wie (unkontrollierte) Migration, Terrorismus und organisiertes Verbrechen gibt es die Bestrebungen der Exekutiven zu Lasten der Legislativen ihre Kompetenzen auszubauen, um die von der Bürgern wahrgenommene Bedrohung durch die Schaffung echter oder vermeidlicher Sicherheit zu mindern. Hieraus ergibt sich die Möglichkeit, dass es zu einem Sicherheitsstaat mit Präventionsmaßnahmen, wie einer umfassenden Überwachung und einer Kultur der Angst und des Misstrauens kommt (vgl. Geis 2008: 183). Hier gerät die Demokratie an ihre Leistungsgrenze, wenn es – vielleicht sogar von der Mehrheit der Bevölkerung gefordert – zu einer Einschränkung essentieller Grundprinzipien für eine funktionierende Demokratie kommt, wenn auf der einen Seite Freiheitsrechte des Bürgers (vor dem Staat) eingeschränkt werden, wie im Rahmen von sogenannten Anti-Terror-Gesetzen oder durch das Ausrufen eines Notstandes, welches man 2016 in Frankreich

vor Abwahl auf die Gewaltaversion ihrer Wähler/innen Rücksicht nehmen müssen." (Geis 2008: 169) und der Türkei beobachten konnte, und auf der anderen Seite auch die Menschenwürde und die körperliche Unversehrtheit droht, durch staatliches Handeln beschränkt zu werden. Beispiele bilden die Verschleppung von Terrorverdächtigen und der Einrichtung von Internierungslagern wie in Guantanamo durch die Vereinigten Staaten, aber auch die Diskussion um den gezielten Abschuss von durch Terroristen entführten Passagierflugzeugen, in welchen tatunbeteiligte Menschen sitzen, wie er durch ein deutsches Luftsicherheitsgesetz ermöglicht werden sollte und 2006 in Teilen vom Bundesverfassungsgericht für verfassungswidrig erklärt wurde.

4.3.2 Funktionale Selbstblockade

Eine Perspektive auf die Probleme etablierter Demokratien zeigen die „kritischen Demokratietheorien" auf, „die der Demokratie schwerwiegende systembedingte, nichtreversible Strukturdefekte vorhalten" (Schmidt 2010: 254). Als wegweisend für die kritischen Demokratietheorien sieht Schmidt (ebd.) drei Lehren: „die Politiktheorie und Verfassungssoziologie von Claus Offe [...]; eine zweite ist die Kritik der Mehrheitsregel [...]; eine dritte gründet auf der Erforschung von Inkonsistenzen, die bei der Umformung individueller Präferenzen in Kollektiventscheidungen entstehen." Die Neue Politische Ökonomie (Public Choice[21]) leistet hier wichtige Beiträge. Sie beleuchtet kritisch die Idee eines den Staat

21 „Public Choice can be defined as the economic study of non-

steuernden Volkswillens, die Gefahr der „Tyrannei der Mehrheit und Tyrannei der Minderheit" (ebd.: 257 f.), sowie den Einfluss der „Spielregeln" auf die Zusammensetzung und das Handeln im politischen System.

Ein Kernproblem ist dabei die Umsetzung der individuellen Präferenzen bei politischen Sachfragen in kollektive Entscheidungen. Hier besteht im Idealtypus einerseits die Option der Einbindung vieler Akteure und des Versuchs der alle – oder möglichst viele – Interessen erfassenden Konsensbildung durch Aushandlungsprozesse (sog. deliberative Demokratie, → Kap. 3.2.4) oder andererseits der Rückgriff auf die Konflikt- oder Mehrheitsentscheidung. Beide Optionen sind mit demokratietheoretisch zu erfassenden Problemen verbunden. Die kompromissorientierte Form der Konsensus- resp. Konkordanzdemokratie (→ Kap. 3.3.3) benötigt zur Entscheidungsfindung erheblich mehr Zeit und Organisationsaufwand, führt häufig nur zu marginalen politischen Anpassungen und zu verwässerten oder auch so genannten „faulen" Kompromissen. Die in der Mehrheits- und Konkurrenzdemokratie angelegten Entscheidungsmechanismen sind zwar zeitökonomisch effizienter, enthalten aber strukturell das Risiko, dass relevante Problemfacetten unberücksichtigt bleiben, spezifische oder strukturelle Minderheiten ausgegrenzt werden und dass die Mehrheit – wie von Alexis de Tocqueville befürchtet – ‚tyrannisch' den Weg bestimmt.

Die Problematik verstärkt sich bei beiden Varianten

market decision making, or simply the application of economics to political science." (Mueller 2003: 1) in dem Maß, im dem die gesellschaftliche Differenzierung zunimmt. Der sich seit den 1950/60er Jahre beschleunigte sozioökonomische, soziodemografische und soziokulturelle Wandel führt zu einer deutlich verstärkten sozialen Komplexität, einer Diversifizierung von politischen Meinungen und Einstellungen, zur Herausbildung heterogener und konkurrierender Milieus und zu einer Vermehrung unterschiedlichster Minoritäten, die sowohl die Konsensfindung nahezu unmöglich macht als auch die Mehrheitsbildung für Konfliktentscheidungen erschwert. „In aller Regel handelt es sich [...] um – meist labile – Mehrheiten und Minderheiten, die aus unterschiedlichsten Motiven gespeist werden und ihrerseits von den Institutionen der Willensbildung und Entscheidungsfindung geprägt sind" (Schmidt 2010: 255). Ob dieser Labilität sind die Mehrheiten „fiktiv, fehlbar und verführbar" (Offe 1992: 127).

Riker (1980: 457) betont, in die gleiche Richtung der Problematisierung denkend, dass das Hauptproblem für die Demokratie „nicht die Inkonsistenz, sondern die Manipulierbarkeit der Ergebnisse von Mehrheitsentscheidungen" sei – was einerseits seinen Beleg in den unterschiedlichen Wirkungen der diversen Wahlsysteme findet und andererseits in den Erfolgen populistischer Politik am Ende des 20. und zu Beginn des 21. Jahrhunderts in verschiedenen europäischen Staaten findet.

In der Kritik an den in fast allen Demokratien in verschiedenen Formen angewandten Mehrheitsregeln muss man nicht gleich die Positionen der deutschen Klassiker Schiller *(„Was ist Mehrheit? Mehrheit ist der Unsinn, Verstand ist stets bei wenigen nur gewesen.")* oder Goethe

(*"Nichts ist widerwärtiger als die Majorität; denn sie besteht aus weniger kräftigen Vorgängern, aus Schelmen, die sich akkomodieren, aus Schwachen, die sich assimilieren, und der Masse, die nachtrollt, ohne nur im mindesten zu wissen, was sie will."*) teilen. Beachtenswert ist jedoch die von Schmidt (2010: 269 ff.) synoptisch erfasste Kritik der Mehrheitsregeln, die folgende fünf Punkte anspricht:

- Die Dignität der Mehrheitsregel sei zweifelhaft, weil der Volkswille fehlbar und verführbar ist, die Willensbildung von Eliten beherrscht werden kann und Änderungen der „Spielregeln" das Abstimmungsergebnis ändern können.
- Der Grundsatz der Stimmengleichheit überdecke die Ungleichheiten, die sich aus einem Gefälle zwischen engagierten, sachkundigen und betroffenen Minderheiten und der apathischen, schlecht informierten und mangels Betroffenheit desinteressierten Mehrheit ergeben.
- Das Mehrheitsprinzip sei zeitpunktverhaftet und spiegelt aktuelle Stimmungen und Wahrnehmungen, ohne die langfristige Wirkung der Entscheidungen angemessen zu berücksichtigen.
- Die Gegenwartspräferenz der Mehrheit gepaart mit langfristig Wirkungen entfaltenden Entscheidungen, zum Beispiel im Bereich der Gen-, Atom- und Militärtechnologie, verstießen gegen den Grundsatz, Entscheidungen zurücknehmen, korrigieren und umkehren zu können. Hier würde auf Kosten der nachfolgenden Generationen entschieden.
- Die Mehrheitsentscheidung sei nur für einzelne The-

menbereiche und Entscheidungskonstellationen geeignet. Entscheidungen, die auf einem Basiskonsens beruhen und durch die materielle und immaterielle Ressourcen verteilt werden, seine geeignet für eine Mehrheitsentscheidung. „Wertkonflikte und meinungspolarisierende Richtungsentscheidungen von historischer Tragweite" (Guggenberger 1984: 185) würden jedoch zur Überforderung der Mehrheitsentscheidung führen. In gespaltenen Gesellschaften könnte eine solche Entscheidungsfindung Konflikte noch vermehren, da die Minorität das Ergebnis als illegitim betrachten könnte.

Diese durchaus ernst zu nehmende Kritik ist in jedem politischen System unterschiedlich zu gewichten, wobei u. a. darauf zu achten ist, welcher Art die Mehrheitsregel ist (einfache, absolute, qualifizierte Mehrheit), ob und wie Minderheitenschutz gewährleistet wird, welche politische Tradition und politische Kultur die Verfahren legitimiert sowie in welchen Politikbereichen die Zukunftsfähigkeit der Entscheidungen betroffen ist.

Die Suche nach einer entscheidungsfähigen Mehrheit in der Konfliktentscheidung oder nach einer einbezogenen Mehrheit in der Konsensentscheidung hat in den westlichen Demokratien zu nicht unproblematischen Entwicklungen geführt. Zur Sicherung bzw. Herstellung von Mehrheitslegitimität neigt die politische Elite mitunter dazu, sich die „Wohlgewogenheit" der Bevölkerung durch einen Ausbau staatlicher Handlungsfelder in wirtschaftlichen und gesellschaftlichen Bereichen zu sichern. Dies führte in Deutschland seit den 1960er

Jahren unter anderem zu einer deutlichen Erweiterung sozial- resp. wohlfahrtsstaatlicher Aktivitäten, zu einer Ausweitung der staatlichen Daseinsvorsorge und zu einem ausgeprägten Katalog von gesellschaftsrelevanten Regelungen auch im Wirtschaftsbereich, z. B. mit Subventionen. Die „Verstaatlichung" der Vorsorge und Fürsorge offenbart jedoch dort ihre Grenzen, wo sie mit dazu beiträgt, subsidiäre Versorgungen, z. B. durch Familie, Nachbarschaften und bürgerschaftlich getragene Wohlfahrt, zu ersetzen. Die Folge ist, dass governmentale und quasi-governmentale Einrichtungen die Funktionen zivilgesellschaftlicher Organisationsformen übernehmen. Des Weiteren führt diese Entwicklung zu einer erheblichen finanziellen Belastung des Staates, dessen Belastungsgrenzen bereits deutlich überschritten sind. Die Konsolidierung der öffentlichen Haushalte scheitert jedoch auch daran, dass die Rücknahme des wohlfahrtsstaatlichen Engagements an den Widerständen der auf die Wahrung ihrer Besitzstände achtenden Gruppierungen scheitert. Die Suche nach demokratischer Mehrheit und Legitimität impliziert somit das Risiko, dass die Politik sich in die Falle der Handlungsunfähigkeit begibt. Für eine „Bereinigung" der staatlichen Handlungsfelder ergibt sich jedoch kaum eine tragfähige Mehrheit und eine Regierung liefe bei solchen Bemühungen Gefahr, ihre Macht an die Opposition zu verlieren, die die Wähler mit positiv klingenden Versprechungen lockt.

Die staatlichen Interventionen beschränken sich jedoch nicht nur auf den Sozialbereich, sondern sind mit Subventionen und protektionistischen Maßnahmen auch im Wirtschaftsbereich vorhanden. Und auch hier sind Rücknahmen problematisch, die Begehrlichkeiten für die Ausweitung stark, die Interessen nach Besitzstandswahrung erheblich und die Hypothek auf staatliche Handlungsfähigkeit ist deutlich.

Die finanziellen und politischen Kosten für die Sicherung demokratischer Akzeptanz und Legitimität durch eine – labile, fiktive, fehlbare und verführbare – Mehrheit sind dementsprechend groß und bergen die Gefahr der Erstarrung von Politik. Sie führen auch dazu, dass die Orientierung an etablierten Interessen das Erkennen und Berücksichtigen von neuen Interessen verhindert. Das politisch innovative Moment kommt unter diesen Bedingungen denn auch häufig nicht mehr von den staatlichen Institutionen und den „klassischen" politischen Akteuren in den Parteien und großen Interessensorganisationen. Vielmehr fördert die Unbeweglichkeit des staatlichen Apparates die Beweglichkeit vieler Akteure auf allen Ebenen der Gesellschaft und eine Renaissance von politischer Subjektivität. „Die Zukunftsthemen, die jetzt in aller Munde sind, sind nicht der Weitsichtigkeit der Regierenden oder dem Ringen im Parlament entsprungen – schon gar nicht in den Kathedralen der Macht in Wirtschaft, Wissenschaft und Staat. Sie sind gegen den geballten Widerstand dieser institutionalisierten Ignoranz von den in sich verhaspelten, moralisierenden, sich um den richtigen Weg streitenden, von Zweifel geplagten und zerstrittenen Gruppen und Grüppchen auf die gesellschaftliche Tagesordnung gesetzt worden" (Beck 1993: 158).

4.3.3 Normative Selbstüberforderung

In etablierten Demokratien kann ein normativer Selbstanspruch in verschiedenen Ausprägungen zu einer Bedrohung durch die Demokratie werden, welcher zu einer Bedrohung für die Demokratie werden kann (vgl. Brodocz et al. 2008: 23).

Betrachtet man zum Beispiel die Erwartungen an ein tugendhaftes Verhalten von Bürgen und Politikern, so stehen vor allem die Verfehlungen von Politikern im Rahmen der medialen Kontrolle im Mittelpunkt. Entsprechen die Handlungen nicht den Erwartungen an eine Gemeinwohlorientierung, droht ein Vertrauensverlust in die jeweiligen Institutionen, seien es die „faulen" Parlamentarier oder auf Eigeninteresse bedachten Regierungsmitglieder. Ein solcher Vertrauensverlust kann die Ablehnung des (Parteien-)Systems fördern und zu Politikverdrossenheit führen.

Eine anderes Problem ist der Konflikt, der insbesondere in Zeiten von globalem Handel, internationalen Konflikten und Flüchtlingsströmen von dem Anspruch ausgeht, auf nationalstaatlicher Ebene demokratisch legitimierte Entscheidungen zu treffen.

„Unter den Bedingungen globaler Vernetzung widersprechen demokratische Nationalstaaten […] ihrer eigenen Legitimitätsquelle: wenn Demokratie heißt, dass politische Entscheidungen nur dann als demokratisch legitimiert gelten dürfen, wenn alle von dieser Entscheidung betroffenen Personen an der Entscheidungsfindung beteiligt gewesen waren, wird man unter den Bedingungen der Globalisierung nationalstaatlichen Entscheidungen generell alle demokratische Legitimität absprechen dürfen." (Llanque 2008: 313)

Diesem Ansatz folgend könnte sich nur eine (föderale) Weltgesellschaft demokratisch legitimieren.

Die normative Idee universalistischer Menschenrechte führt zu einer weiteren möglichen Selbstüberforderung. Stehen universelle Menschenrechte über den demokratisch veränderbaren Normen einer Gesellschaft, so ist ihre Legitimierung nicht durch demokratische Entscheidungsprozesse notwendig und sollten sie auch gegen die Entscheidungen von demokratischen Staaten in diesen durchgesetzt werden. Dieses Konzept der oktroyierten Menschenrechte westlichen Vorbildes steht oft im Zusammenhang mit einem westlichen hegemonialen Anspruch, Menschenrechte und Demokratie zu verbreiten, wie es neben anderen Argumenten auch zur Legitimierung der militärischen Interventionen in Afghanistan und dem Irak herangezogen wurde. Hierbei steht die Frage im Raum, ob das Recht auf Demokratie nicht selbst ein Menschenrecht sei.

Ein weitere und für die nationalstaatliche Demokratie bedrohlichere normative Erwartung ist die der Legitimation des demokratischen Rechtsstaates über seine wohlfahrtsstaatlichen Leistungen. „[Besonders] nach Ende des Zweiten Weltkriegs [entsteht] in der Systemkonkurrenz zwischen Ost und West ein neues Legitimationsnarrativ [...], das man auf die Formel ‚Legitimation durch Wohlstand' bringen [kann]." (Heidenreich 2008: 373) Ökonomische Kategorien haben Eingang in die politische Auseinandersetzung gefunden und Wirtschaftsthemen dominieren die bundesdeutschen Wahlkämpfe. Eine Regierung hat sich an den wirtschaftlichen Erfolgen ihrer Legislaturperiode messen zu lassen: Wie hoch war das Wirtschaftswachstum, wie stark ist die Arbeitslosigkeit zurückgegangen? Oberstes Ziel von Regierungshandeln wird die Mehrung von Wohlstand und Arbeitsplätze, andere Politikfelder, die Sozial-, Bildungs-, Außen- und Sicherheitspolitik werden diesem untergeordnet.

„Ökonomismus lässt sich dann interpretieren als die unreflektierte Dominanz ökonomischer Indikatoren in der Selbstwahrnehmung von Gesellschaft. ‚Unreflektiert' ist diese Dominanz, da die Kontingenz der Auswahl den Akteuren nicht bewusst ist. Zudem ist die genaue Bedeutung der Indikatoren nicht klar formuliert." (ebd.: 380)

So wird das Wachstum der Wirtschaft fast immer mit dem Wachstum von Wohlstand gleichgesetzt und über die Veränderung des Bruttoinlandsprodukts im Vergleich zum Vorjahr gemessen. Hier spielt es dann keine Rolle, warum mehr Güter oder Dienstleistungen erstellt und wofür diese eingesetzt wurden. Hier können die Beseitigung einer Ölkatastrophe oder der Folgen eines Erdbebens genauso das Bruttoinlandsprodukt steigern, wie der verstärkte Export von Waffen oder die bessere Versorgung mit Lebensmitteln. Produktions- und konsumfreie Zeiten hingegen werden, da sie weder das Bruttoinlandsprodukt erhöhen, noch die Arbeitslosigkeit senken, im politischen System nicht angestrebt, da es das eigene Handeln in einer ökonomisierten Demokratie nicht legitimiert (vgl. ebd.).

„‚Legitimation durch Wohlstand' hat in Transformationsprozessen [hin zu einem demokratischen System] seine Funktion [...]. Wenn die Transformation jedoch abgeschlossen und eine ökonomische Sättigung erkennbar ist, das Skript ‚Legitimation durch Wohlstand' jedoch beibehalten wird, zwingt sich eine Gesellschaft zu einer künstlichen ökonomischen Dauerhysterisierung" (ebd.: 381).

Aus einem solchen Ökonomismus ergeben sich für Heidenreich (2008: 381 f.) deutliche Gefahren der normativen Selbstüberforderung für den demokratischen Verfassungsstaat, wenn dieser das Versprechen nach Wohlstand nicht einlösen kann:

Um den Konsum weiterhin ausweiten zu können, hat der Staat einen großen Anreiz zur Staatsverschuldung. Dieser kreditfinanzierte Konsum baut auf die Annahme auf, dass es der Gesellschaft möglich ist, die Kreditzinsen durch zukünftiges Wirtschaftswachstum zu begleichen. Bei einem Ausbleiben eines ausreichend hohen Wirtschaftswachstums werden die Staatsschulden jedoch die Gestaltungsmöglichkeiten des Staates in der Zukunft einschränken, was zu einem Verlust an Problemlösungsfähigkeit des demokratischen Systems mit einhergehendem Vertrauensverlust in der Bevölkerung führen kann, wie wir es in zum Beispiel schon heute in Griechenland erleben.

„Wenn das Gemeinwesen durch ökonomische Erfolge definiert wird, stehen jene in einem zweifelhaften Licht, die hierzu nichts beitragen" (ebd.: 381). Arbeitslosigkeit führt aufgrund von Fremd- und Selbstzuschreibungen dazu, dass sich (insbesondere Langzeit-) Arbeitslose von der Gesellschaft ausgeschlossen fühlen, obwohl diese im Sozialstaat weiterhin über (eingeschränkte) gesellschaftliche Partizipationsmöglichkeiten verfügen.

Wenn der Wohlstand nicht mehr wie erwartet verteilt werden kann, weil sich etwa die Rahmenbedingungen auf dem Weltmarkt verändert haben und Wirtschaftswachstum ausbleibt, kann die sich hieraus ergebende ökonomische Unzufriedenheit zur Systemablehnung führen. Dass diese Reduzierung des Wachstums unvermeidbar ist, wird für die Güterproduktion schon durch physikalische Grenzen verdeutlicht. Die Folgen unkontrollierten Wachstums spiegeln sich in der Debatte um die Reduktion der CO_2-Emission und der Annahmen zu den Grenzen des Wachstums.

In einer ökonomisierten Demokratie droht jedoch nicht nur der Verlust des Vertrauens in das demokratische System durch die Bürger, sondern auch eine Veränderung im Verhältnis von Bürger und Staat, wenn beide an der Selbstoptimierung arbeiten. So wird der Bürger für den Staat zum Kunden oder zum Produkt (Ausbildung von Humankapital an Schulen und Universitäten) und fordert der Bürger vom Staat jenes Handeln ein, welches ihm am meisten Wohlstand bringt. In einem solchem Umfeld können nicht demokratisch legitimierte Akteure politische Macht einfordern, solange sie darlegen können, dass sie den ökonomischen Wohlstand vermehren bzw. dies zum Ziel hätten. Auf diese Weise schaffen es private Stiftungen (z. B. die Bertelsmann Stiftung), große Unternehmen, Verbände unter anderem durch Lobbying, verstärkt Einfluss auf die Gestaltung der Gesellschaft zu nehmen (vgl. Heidenreich 2008: 382).

Inweit die normativen Ansprüche innerhalb von etablierten Demokratien zu einer Gefahr für diese werden, scheint davon abhängig zu sein, in welchem Ausmaß der Bürger, sei es in Form kurzfristiger Wohlstandsoptimierung, universeller Durchsetzung von Menschenrechten oder tugendhaftem Handeln von politischen Akteuren, diese einfordert.

4.3.4 Populismus, Extremismus, Terrorismus in der (wehrhaften) Demokratie

Unter der Bezeichnung von „Subpolitik" beschreibt Ulrich Beck (1993: 158) das Spannungsverhältnis von einem erstarrten Staat und beweglichen, individualisierten Akteuren. Dieses führe dazu, dass sie die etablierte Politik und den Staat entmachten und entgrenzen, was die Politisierung – vielleicht auch: Demokratisierung – der Gesellschaft fördere. Die politische Zentralität beim Staat wird zugunsten der politischen Dezentralität in der Gesellschaft verändert. Aufgelöst werden dabei – zum Leidwesen der politischen Institutionen – die festen Bindungen. Die gängigen Politikkoordinaten – rechts und links, konservativ und sozialistisch, Rückzug und Teilhabe etc. – stimmen und greifen in Zeiten der Subpolitik nicht mehr. Subpolitik macht zudem die Vorstellung von demokratischer Mehrheit zumindest brüchig, kratzt an den Grundlagen des (neo-)korporatistischen Politikmanagements, individualisiert die politischen Partizipationsmuster, schwächt die – deshalb unter Mitgliederschwund leidenden – politischen Großorganisationen wie Parteien und z. B. Gewerkschaften. Als Problem wird die Ausgestaltung der Demokratie gesehen, die den schwierigen Balanceakt zwischen Gewährleistung bürgerschaftlicher Freiheit und staatlicher Gesellschaftssteuerung, zwischen Regierungseffizienz und Partizipation, zwischen Mehrheitsentscheidung und Minderheitenschutz oder auch zwischen Wahrung von Kontinuität und Gestaltung des Wandels nicht immer ganz schafft.

„In wirtschaftspolitischen und weitergehenden sozioökonomischen Fragen hat sich die pluralistische Bandbreite zwischen den Parteiprogrammen verringert. Wenn aber die Bürger sich nicht mehr zwischen unterschiedlichen wirtschafts- und sozialpolitischen Alternativen entscheiden können, wählen sie zwar, aber sie haben in einem der wichtigsten Politikfelder keine Wahl mehr." (Merkel 2015: 477)

Neben dieser immer stärkeren programmatischen Ähnlichkeit der etablierten Parteien, werden die Medialisierung (→ Kap. 3.4.5) und das Herausbilden eines Expertentums in einer „Politik ohne Politiker" als Ursache für eine Ausbreitung von populistischen Bewegungen gesehen. Ob die Occupy-Bewegung, die Piraten oder die AfD – Populisten stützen sich häufig auf ähnliche Konzepte. Dem wissenschaftlichen „Expertentum" setzen populistische Gruppierungen häufig moralistische Botschaften entgegen und nutzen in der Bevölkerung verbreitete Vorurteile. Die Bevölkerung wird als Opfer und die Führer der Bewegungen werden zum Teil als Retter stilisiert. „Die Eliten", sei es in Politik oder Wirtschaft, sollen bekämpft werden. Meistens konzentrieren sich solche Bewegungen (besonders zu Beginn) auf ein Thema *(single-issue-movement)* und haben entsprechend kein in sich schlüssiges Gesamtprogramm (vgl. Beyme 2013: 47 ff.).

In demokratischen Systemen kann Populismus als Agenda-Setter neue Themen anstoßen, welche zum Teil von den etablierten Parteien übernommen wurden, wie im Bereich der Umweltpolitik (Bündnis 90/Die Grünen), der Netzpolitik (Piraten) und der Flüchtlingspolitik (AfD).

„Rechtspopulistische Parteien wie in der Schweiz, Österreich, Skandinavien oder Frankreich sind normativ problematisch, aber sie haben weder die Kraft noch den programmatischen Willen, die Demokratie zu zerstören. Sie füllen eine Repräsentationslücke entlang der Konfliktlinie von kosmopolitanem Liberalismus und nationalem Kommunitarismus aus, der von den etablierten Parteien nicht abgedeckt wird. Insofern erfüllen rechtspopulistische Parteien, wie problematisch sie normativ auch sind, eine stabilisierende Funktion innerhalb der etablierten repräsentativen Demokratien der OECD-Welt, indem sie die wettbewerbslogisch eingebaute Tendenz hin zum *median voter* aufbrechen und die Parteienkonkurrenz pluralistisch ausdifferenzieren." (Merkel 2015: 492)

Populisten haben den Anspruch, das (wahre) Volk zu vertreten und den Volkswillen zu kennen. Der Populismus lässt sich in fünf Typen einteilen: Zentristen, soziale Populisten, Nationalkonservative, agrarische Populisten, Nationalisten und radikale linke Populisten, welche zum

Teil als anarchistisch bezeichnet werden. Oft sind es echte oder vermeintliche Modernisierungsverlierer, die den Resonanzkörper für Populismus bilden. Schaffen es populistische Parteien im politischen System anzukommen, demontieren sie sich meist selbst und können ihrem eignen „Saubermann-Anspruch", mit dem sie gegen die korrupte politische Elite angetreten sind, meist nicht genügen. Der Populismus scheint dort eine Gefahr für Demokratien zu sein, wo diese, wie in einigen osteuropäischen Staaten, über keine gefestigte demokratische Tradition, aber über hohe Wählerfluktuationen verfügen. Bestimmte ethnopluralistische Bevölkerungsstrukturen, wie sie sich mit den Flamen und Walonen in Belgien, den Basken in Spanien und den Schotten in Großbritannien zeigen, können das Entstehen von populistischen Bewegungen begünstigen (vgl. Beyme 2013: 50 ff.).

Ob die Positionen der Populisten in einer Gesellschaft offen geäußert werden können ohne auf Ablehnung zu stoßen oder sanktioniert zu werden, hängt entscheidend von der öffentlichen Meinung ab. Die grundgesetzlich garantierte Freiheit zur Meinungsäußerung ist eben nicht identisch mit einer beliebigen Toleranz im Meinungsbildungsprozess. Insbesondere in den Themenbereichen Einwanderung, Ausländer und Minderheiten gibt es in der öffentlichen Meinung politische Mindeststandards, die zu einer Tabuisierung von Positionen außerhalb der *political correctness* führen. Diese öffentliche Meinung entsteht durch einen andauernden Aushandlungsprozess, welcher vom medialen Mainstream dargestellt und geprägt wird. Abweichungen von der akzeptierten öffentlichen Meinung durch Personen des öffentlichen Interesses werden skandalisiert und ggf. sanktioniert. Hierdurch erfährt der Bürger, was sich gehört und welche Meinung man besser nicht öffentlich äußert. Dass diese Grenzen einen fließenden Prozess darstellen, verdeutlicht sich sehr gut in der Art der Thematisierung von Migrationsprozessen in der europäischen Bevölkerung in den Jahren 2015 und 2016.

Beim Umgang mit abweichenden Positionen ergeben sich in der Demokratie besonders dort Probleme, wo diese und der Versuch ihrer Durchsetzung mit den Grundsätzen der Verfassung in Konflikt geraten. Der Versuch, mit dem Grundgesetz in Deutschland eine wehrhafte Demokratie zu etablieren, zeigt sich ausgehend von unabänderlichen Grundsätzen, wie der Menschenwürde (Art. 1 Abs. 1 GG) und den Prinzipien von Demokratie, Föderalismus, Rechtsstaatlichkeit und Sozialstaatlichkeit (Art. 20 GG), in der Möglichkeit, dass Parteien vom Bundesverfassungsgericht, wie 1952 bei der Sozialistischen Reichspartei und 1956 bei der Kommunistischen Partei Deutschlands geschehen, aber auch Vereinigungen, die sich, wie die neonazistische Jugendorganisation Heimattreue Deutsche Jugend oder die den Terrorismus der Hamas in Israel unterstützende Verein AL AQSA e. V., die sich mit ihren Zielen gegen die verfassungsmäßige Ordnung richten, verboten werden können.

Der Umgang mit politischem Extremismus war in Deutschland vom Versuch der Aufarbeitung des Rechtsterrorismus um die NSU und einer Diskussion um ein erneutes Verbotsverfahren der NPD geprägt. Eine deutliche Ausweitung politischer Straftaten zeigte sich 2015 im Rahmen einer sich zunehmenden Verschärfung der öffentlichen Diskussion um den Umgang mit Zuwanderung. Es kam zu einem starken Anstieg (von 42,2 Prozent) der extremistischen Straftaten im Vergleich zu 2014. Im Bereich der rechtextremistischen Straftaten stiegen, folgt man dem Verfassungsschutzbericht für das Jahr 2015, die registrierten Fälle um fast 80 %, die Anzahl von politisch motivierten Brandanschlägen erschreckenderweise von 5 auf mindestens 75 Delikte innerhalb eines Jahres. Die deutsche Demokratie sieht sich mit potentiellen Extremisten konfrontiert, welche für den Bereich des Rechtsextremismus auf circa 22 600, im Bereich des Linksextremismus auf circa 26 700 und im Bereich des Islamismus (bei unsicherer Datenbasis) auf bis zu 10 000 Personen geschätzt werden (vgl. Bundesministerium des Innern 2016).

Eine besondere Herausforderung für die wehrhafte Demokratie bildet der Umgang mit der Gruppe an Extremisten, welche die Überwindung der freiheitlichen demokratischen Grundordnung der Bundesrepublik Deutschland mit Hilfe von terroristischen Anschlägen durchzusetzen versucht. Terrorismus zeichnet sich durch die Anwendung von Gewalt aus (oder das glaubhafte Drohen mit Gewalt), um über die öffentliche Wahrnehmung Furcht in der Bevölkerung oder bei abgegrenzten Zielgruppen zu verbreiten und damit eigene politische Ziele zu fördern. Hinsichtlich dieser Ziele unterscheidet Pfahl-Traughber (2016: 11 ff.) vier Gruppen von Terrorismus: Eine, z. B. in Großbritannien (IRA), Spanien (ETA) und der Türkei (PKK) bekannte Form, bildet der Terrorismus einer ethnischen bzw. religiösen Minderheit, welche das Ziel hat, für einen Teilstaat Unabhängigkeit zu erlangen. In Deutschland finden sich Beispiele für die drei weiteren Formen des Terrorismus. Der linksextremistische Terrorismus strebt die Überwindung einer repressiven Staatsordnung bzw. kapitalistischen Wirtschaftsordnung an. Er bildete in den 1970er Jahren mit der „Roten Armee Fraktion" eine Bedrohung für die öffentliche Sicherheit. Rechtsextremistischer Terrorismus zielt mit seiner Gewalt oft auf ethnische Minderheiten ab und strebt eine ethnisch homogene Gesellschaft in einem diktatorischen System an. Er wurde erst in den 2010er Jahren mit dem Bekanntwerden des „Nationalsozialistischen Untergrunds" (NSU) in breiten Bevölkerungsgruppen Deutschlands als ein Problem wahrgenommen. Fundamentalistischer religiös motivierter Terrorismus strebt die Überwindung des säkularen Staates an, um eine theokratische Staatsform durchzusetzen. Seit den Anschlägen vom 11. September 2001 durch Al-Qaida und verstärkt durch Anschläge von Anhängern des sogenannten Islamischen Staates in Europa wird islamistischer Terrorismus als Bedrohung für die Sicherheit in Deutschland wahrgenommen. Der Umgang mit diesen Bedrohungsgefühlen und die Abwehr von Gefahren kann Demokratien in ihren Grundprinzipien erschüttern, da das Spannungsverhältnis zwischen Sicherheit und Freiheit die Demokratie an ihre Leistungsgrenze (→ Kap. 4.3.1) bringen kann, insbesondere da internationaler Terrorismus nicht ausschließlich innerhalb des eigenen Staates bekämpft werden kann. Die Probleme, welche sich aus der Internationalisierung und Globalisierung für Demokratien ergeben, werden deshalb im nächsten Kapitel näher betrachtet.

> **Zum Nach- und Weiterdenken**
>
> Erläutern Sie die funktionalen Grenzen von Mehrheitsentscheidungen in Demokratien.
>
> Stellen Sie mögliche Auswirkungen einer Ökonomisierung der Gesellschaft für das demokratische System dar.
>
> Erklären Sie, welche Position populistische Bewegungen (auch in Abgrenzung zum Extremismus und Terrorismus) in Demokratien einnehmen.

4.4 Probleme der Internationalisierung und Globalisierung

In viel stärkerem Maße als vor noch wenigen Jahrzehnten oder insbesondere zur „Gründerzeit" der Demokratie sind maßgebliche politische Fragen nicht mehr auf den Raum eines Staates beschränkt. Die Gewährung von Frieden, Sicherheit, Gesundheit, Umweltschutz, Prosperität und Wohlfahrt ist unilateral kaum noch möglich. Die beschleunigte inter- und transnationale Vernetzung der Ökonomie und der Finanzmärkte,[22] eine verstärkte Konkurrenz vieler Volkswirtschaften um Weltmarktanteile, die globale Betroffenheit von ökologischen Krisen, weltweite Migrationsbewegungen, problematische demographische Prozesse, soziale, politische und kultu-

---

22 Man denke nur an die US-Immobilienkrise im Jahr 2007 und die in den Folgejahren darauf schnelle Ausbreitung zur globalen Finanz- und Wirtschaftskrise.

relle Friktionen mit der Folge der Herausbildung von Konflikten und Fundamentalismen schufen und schaffen Problemlagen, die sich der nationalstaatlichen Bewältigung entziehen. Wenn jedoch nationales Handeln an sehr deutliche Grenzen stößt und nationalstaatliches Regieren infolge von Globalisierungsprozessen erschwert und in seiner Effizienz eingeschränkt wird, so stellen sich Fragen nach der Legitimation von politischen Entscheidungen und damit nach der Bedeutung von Demokratie in Zeiten der Globalisierung.

Endgültig vorbei scheinen die Zeiten, als eine traditional, charismatisch oder rational legitimierte resp. legale Herrschaft (vgl. Weber 1973: 151 ff.) mehr oder minder autonom in ihrem Bereich regieren konnte. Das Netz der politisch wirkenden Akteure hat sich in der Globalisierung deutlich erweitert: Neben Regierungen und Parlamenten beteiligen sich die wirtschaftenden Unternehmen – und hierbei insbesondere die sog. „Global Player", transnational agierende Organisationen wie die Kirchen, Verbände und andere Nicht-Regierungs-Organisationen (*non-governmental organizations* – NGOs) z. B. aus dem Umweltschutzbereich, der Eine-Welt-Bewegung etc. sowie aber auch international agierende kriminelle und terroristische Gruppierungen an den Prozessen. Mit jeweils spezifischen Funktionen, Interessen und Handlungsmöglichkeiten versuchen sie, die globale Politik zu beeinflussen. Dies führt zu einer markanten Vergrößerung der politischen Arena, steigendem Konfliktpotenzial und größerer Problemkomplexität. Geringer wird jedoch die Möglichkeit, die Problemlösung juristisch anzustreben, da Recht im überwiegenden Bereich nationalstaatlich gesetzt wird und internationales Recht (noch?) nicht in allen globalpolitisch relevanten Feldern verfügbar ist.

Die Versuche zur Bewältigung der im nationalstaatlichen Rahmen nicht mehr handhabbaren Probleme finden in unterschiedlichen Kontexten und auf unterschiedlichen Ebenen statt. Hierzu gehören u. a.:

- Bi- und multilaterale Verträge zwischen Staaten, in denen konkrete Probleme geregelt werden.
- Internationale Regime (z. B. zum Seerecht) werden gegründet, die für ihr jeweiliges Handlungsfeld entscheidungsfähig sind.
- Internationale Organisationen dienen der Koordination und Kooperation in speziellen Politikfeldern, die bedingt auch Exekutivkompetenzen haben.
- Eine besondere Bedeutung haben innerhalb der internationalen Organisationen die United Nations Organization (UNO) und ihre Vielzahl an Sonder- und Unterorganisationen. Sie haben u. a. Koordinationsaufgaben, führen internationale Hilfsprogramme aus, übernehmen Kontrolltätigkeiten oder fördern Kooperationen. Das mächtigste Organ der UNO ist der Weltsicherheitsrat, der über die internationale Sicherheit berät, Resolutionen verfassen, Sanktionen verhängen und militärische Aktionen beschließen kann.
- Internationale Konferenzen bieten Foren zur Diskussion globaler Probleme und können Vereinbarungen beschließen, die nach Ratifizierung durch die Teilnahmestaaten internationales Recht werden können.
- Die supranationale Europäische Union ist mit legisla-

tiven, exekutiven und judikativen Kompetenzen ausgestattet, die die Mitgliedsländer binden.

In den oben genannten Bereichen sind jeweils die Staaten mit ihren Regierungen tätig. Das Feld wird ergänzt durch eine nicht minder unüberschaubare Menge an internationalen Nicht-Regierungs-Organisationen (INGOs), vom Weltkirchenrat über den internationalen Gewerkschaftsbund bis zum Fußballweltverband (vgl. Freistein/ Leininger 2015: 197 ff.).

Diese kurze und unvollständige Skizze soll nur verdeutlichen, dass politisches Handeln sich in vielen Fällen von der nationalstaatlichen Ebene entfernt und sich einer immensen Problem- und Akteurskomplexität ausgesetzt sieht. Die damit verbundene Veränderung von Politik impliziert erhebliche Herausforderungen für die Demokratie. Forndran (2002: 139 f.) verweist unter Rückgriff auf Manfred G. Schmidts Analysen auf folgende Probleme:

„Rationale politische Entscheidungen sind immer schwerer zu erreichen, da ihre Komplexität durch die wachsende Informationsfülle, durch die zunehmende Interaktionsdichte sowie durch die gegenseitige Verflechtung und Transnationalität der Entscheidungsgegenstände laufend zunimmt und die Zielkonflikte sich verschärfen sowie andererseits die Möglichkeit ihrer Legitimation abnimmt, da die Entscheidungen vermehrt in Gremien wie die staatlichen Bürokratien oder internationale Organisationen verlagert werden, die unzureichend demokratisch fundiert und kontrolliert werden. Die hohe und eventuell zunehmende Diskrepanz zwischen internationalen

Problemlagen und transnational handelnden, in diesem Zusammenhang aber demokratisch unzureichend legitimierten Regierungen einerseits und nationalstaatlich verankerter demokratischer Willensbildung und Entscheidung andererseits ist nicht übersehbar. Das Problem der demokratischen Absicherung von Politik wird durch die Tatsache verstärkt, dass das Interesse der Bürger an politischen Entscheidungen und gegenüber der Verschiebung von Präferenzen geringer wird und dass das Sozialkapital – die Bereitschaft der Bürger zum Gleichheit und Gemeinsinn betonenden Engagement – knapper wird. Andererseits werden die Spielräume der politisch Verantwortlichen kleiner, weil sie in zunehmende Abhängigkeit von den [...] für die Funktionsfähigkeit der Demokratie notwendigen Medien geraten. [...] Die politische Führung ist aber zunehmend auch abhängig von verfassungsmäßigen und rechtlichen Vorgaben und dem Zwang, ihre Entscheidung in den Rahmen rechtlicher Vorgaben einzuordnen."

Die Verlagerung wichtiger und weitreichender politischer Entscheidungen auf die internationale Ebene mit unzureichender demokratischer Legitimation steht somit in einem strukturellen Widerspruch zur demokratischen Grundidee, politisches Handeln und Entscheiden für die Bürger transparent zu gestalten, an die Teilhabe und Teilnahme der Bürger und ihrer Repräsentanten zu knüpfen, die möglichst breite Legitimierung von Entscheidungen und die Möglichkeit zur Kontrolle von Regierung zu gewährleisten. Vielmehr werden bei der internationalisierten Politik das Regierungshandeln deutlich verstärkt und die demokratischen Institutionen, wie z. B. die Parlamente, geschwächt. Die Enquete-Kommission zur Globalisierung (Deutscher Bundestag 2002: 445 f.) schreibt zu diesem Problem:

„Nationale Parlamente sind gegenüber den Regierungen hinsichtlich ihrer Möglichkeiten zur Beeinflussung von Globalisierung und Global Governance im Nachteil. Durch die Verlagerung politischer Entscheidungsprozesse auf die Ebene der internationalen Politik können sich Regierungen teilweise von der parlamentarischen Kontrolle und somit von einem wesentlichen Bestandteil des demokratischen Systems lösen. Internationale Vereinbarungen kommen oft im Rahmen von nur mangelhaft transparenten Verhandlungen zustande. Parlamente können sich meist erst dann mit internationalen Abkommen ernsthaft befassen, wenn die Verträge bereits von Regierungsseite unterschrieben und nicht mehr verhandelbar sind. Die Abkommen sind darüber hinaus zu vertretbaren politischen Kosten kaum revidierbar. Das Parlament wird auf diese Weise durch – in den USA so genannte – Fast track-Verfahren zum ‚Exekutor' internationaler Beschlüsse und sein Gewicht wird im Zuge der Globalisierung durch die de facto Stärkung der Exekutive vermindert. Gleichzeitig wird es von den Bürgerinnen und Bürgern für die Folgen dieser Vereinbarungen verantwortlich gemacht, da die Parlamente diese Beschlüsse zu ratifizieren und in nationales Recht um zu setzen haben."

Das Kernproblem im Verhältnis von Demokratie und Globalisierung ist, dass modernes Regieren möglichst umfassend demokratisch legitimiert sein soll, um schließlich auch von den Bürgerinnen und Bürgern als legitim angesehen zu werden und dass die Demokratie als ein rationales Verfahren angesehen wird, um eine hierarchische Ordnung zwischen Regierung und Regierten herzustellen. Auf der internationalen Ebene hingegen agieren souveräne Staaten als Gleichberechtigte miteinander, die sich allenfalls auf selbstbindende Kooperationen und Absprachen berufen können, jedoch nicht durch eine „Weltregierung" einer autoritativen Steuerung unterworfen sind. Eine solche Weltregierung wäre aus normativen wie auch praktischen Gründen als nicht geeignet anzusehen. Denn „alle Probleme, die bereits im nationalstaatlichen Rahmen aus der Entfernung zwischen Regierung und Regierten entstehen, würden sich auf globaler Ebene noch vervielfältigen. Den für modernes Regieren notwendigen Legitimationsnachweis kann eine Weltregierung daher nur unbefriedigend erbringen" (Brozus/Zürn 1999: 64). Weiterhin wäre auch die Effektivität einer solchen Weltregierung begrenzt. Denn mit der zunehmenden Entfernung der Regierenden von den Regierten nimmt zum einen die demokratische Legitimation ab – und damit auch die Folgebereitschaft der Letztgenannten –, zum anderen wüchse die Gefahr, dass die Weltregierung ihre Ziele verfehlt, weil sie von den Regierten nicht akzeptiert wird.

Um die Kluft zwischen den durch die Globalisierung und sachlich notwendig „nach oben" verlagerten Entscheidungen und der „unten" angesiedelten demokratischen Legitimierung zu verringern, wird als möglicher Weg das Konzept der „Global Governance" diskutiert. Dieses Konzept beruht auf zwei wesentlichen Elementen.

- Einbeziehung und Vernetzung unterschiedlicher politischer Ebenen: Die Grundidee ist hier, dass Regierungsleistungen der Willensbildung, Entscheidung und Umsetzung entsprechend des Subsidiaritätsprinzips immer auf der politischen Ebene stattfinden sollen, die dafür geeignet ist. Kommunal relevante Probleme sollen dementsprechend von der jeweiligen Gemeinde entschieden und umgesetzt werden. Ein globales Problem, wie z. B. der Klimaschutz, kann hingegen nur auf internationalen Konferenzen der Willensbildung und Zielformulierung unterworfen werden, wobei die konkrete Umsetzung der Ziele auf der nationalstaatlichen oder auch der regionalen und kommunalen Ebene erfolgen und hier dann auch die demokratische Legitimierung erfahren müsste. Mit der Zunahme der Konkretisierung der Politik soll dann auch die demokratische Absicherung steigen.

- Einbeziehung und Vernetzung staatlicher und nichtstaatlicher Organisationen: Gerade weil die Komplexität der globalen Probleme so groß ist, benötigt es zur problemadäquaten Dezision und Implementation eines größeren Netzes von Akteuren, die mit ihren jeweiligen Fähigkeiten, Kompetenzen und Ressourcen beitragen können. Neben den souveränitätsgebundenen Nationalstaaten mit ihren (möglichst demokratisch legitimierten) Regierungen wären internationale (Regierungs-)Organisationen (wie z. B. die WTO), politikfeldspezifische internationale Regime sowie internationale Nicht-Regierungsorganisationen einzubinden. „Auf der einen Seite bringen die souveränitätsgebundenen Akteure ihre Autorität und materiellen Ressourcen in den Willensbildungs-

und Entscheidungsprozess ein, auf der anderen Seite stellen souveränitätsfreie Akteure häufig das zur erfolgreichen Umsetzung nötige Wissen und andere nicht-materielle Ressourcen zur Verfügung. Oft wird überhaupt erst durch das Zusammenwirken von staatlichen mit nichtstaatlichen Akteuren die effektive und legitime Problemregelung jenseits des Nationalstaates möglich" (Brozus/Zürn 1999: 64).

Verändert wird bei einer solchen politischen Architektur das Souveränitätskonzept. Während bislang die Nationalstaaten im internationalen Bereich ein Souveränitätsmonopol innehatten, werden bei Global Governance zudem andere Akteure außenpolitisch wirksam, auch wenn die Nationalstaaten als Scharnier zwischen nationaler Gesellschaft und globaler Umwelt bleiben. Wirksam wird dieses Konzept jedoch nur dann, wenn das Verhältnis von staatlichen und nichtstaatlichen Akteuren und zwischen den Staaten von einem Kanon an verbindlichen Verhaltensmaßstäben gesichert wird. Hierzu gehören dann vor allem die Achtung von Menschenrechten, die politische Partizipation der Bürger und ihrer Organisationen, die Transparenz der politischen Prozesse, die Informations-, Presse- und Redefreiheit sowie die Sicherung der Bürger durch einen verlässlichen Rechtsstaat. Der Ausbau zivilgesellschaftlicher Mindeststandards bedarf der Demokratie, so dass – zu Ende gedacht – die Globalisierung nicht zu einem Ende, sondern zu einer weiteren Verbreitung von Demokratie beitragen würde oder sollte.

Noch ist diese Vorstellung von Global Governance jedoch nur in Ansätzen erkennbar und viele – auch demokratisch legitimierte – Regierungen stehen mit ihrem faktischen Handeln der vertikalen und horizontalen Erweiterung des Akteursnetzes und der Anbindung an die demokratische Verfasstheit entgegen. Der Sinnspruch von Global Governance „Think global, act local" konnte sich noch (?) nicht hinreichend in der konkreten Politik durchsetzen – mit allen damit verbundenen Gefahren für die Demokratie, die sich als politische Entfremdung, Gefühlen von Fremdbestimmtheit, Rückzug aus politischer Partizipation und Politikverdruss zeigen. Politisch Interessierte verfolgen deshalb manche Diskussionen und Verhalten in der Europäischen Union, auf Weltkonferenzen und in internationalen Organisationen mit einem unguten Gefühl. Die Diskrepanzen zwischen globalen und nationalen Interessen, die Regel(durch)setzung durch einige wenige politische, militärische und ökonomische Mächte, die Vernachlässigung der Bedürfnisse schwacher Staaten oder schwacher Interessen zeigen die Schwierigkeiten beim Aufbau einer globalen Regierungsarchitektur für das 21. Jahrhundert deutlich auf.

> **Zum Nach- und Weiterdenken**
>
> Sind die Wirkungen der Globalisierung für die Demokratie eine Gefahr? Welche Anforderungen stellen sich an die nationale Gestaltung der Demokratie?
>
> Erläutern Sie die Auswirkungen, die die Verlagerung politischer Entscheidungen auf inter- und suprastaatliche Institutionen hat.

4.5 Transformation und Transition zur Demokratie

4.5.1 Globale Demokratisierungsprozesse

Ausgelöst durch den Zusammenbruch des von der UdSSR dominierten „Ostblocks" können seit 1989/90 nicht nur in ganz Osteuropa, sondern auch in Staaten in Asien und Afrika, deren alte Regime durch die Systemkonfrontation geprägt waren, höchst unterschiedliche Institutionalisierungs- und Konsolidierungsprozesse beobachtet werden, sodass von *der* Transformation oder Transition – als den meist benutzten Begriffen für den Regime- oder Systemwandel bzw. -wechsel oder -übergang – nicht gesprochen werden kann. Zu unterschiedlich sind bzw. waren die politischen, ökonomischen, sozialen oder kulturellen Voraussetzungen, um hier auch nur ansatzweise eine Gleichartigkeit des Wandels feststellen zu können.

Dass aus ehemals autoritären oder totalitären Systemen Demokratien werden, hat sowohl systeminterne als auch systemexterne Ursachen, die wiederum spezifische Anforderungen und Erwartungen an die folgende Demokratisierung stellen. Die systeminternen Ursachen beruhen auf Legitimitätskrisen der alten Regime und Systeme. Sowohl die eher „freiwillige" als auch die machtvoll erzwungene Akzeptanz der autokratischen Herrschaft kann solche Legitimitätskrisen kaum überstehen, wenn z. B. ökonomische Ineffizienz die wirtschaftlichen Grundlagen des Systems gefährdet, Massenproteste auslöst, politisches Handeln einfordert und das

Regime in ein Entscheidungsdilemma zwischen Liberalisierung und Modernisierung einerseits oder Repression andererseits bringt. Aber auch eine vollzogene ökonomische und soziale Modernisierung in autokratischen Systemen kann Gefahren für diese bergen. Zieht sie beispielsweise eine Verelendung der Landbevölkerung nach sich und fördert sie das Entstehen von einem Industrieproletariat und einer besser ausgebildeten und selbstbewussten Mittelschicht, so folgen soziale Brüche, die traditionale Legitimität auflösen sowie partizipationswillige Gruppierungen fördern.

Jenseits der ökonomisch bedingten Legitimitätskrisen bergen auch regimebezogene Faktoren Akzeptanzverluste. „Dies können beispielsweise der Tod eines Diktators (z. B. Franco 1975) oder regimeinterne Elitenkonflikte (Südkorea in den 1980er Jahren) sein. Auch die Häufung von Skandalen und Korruption, wie in der Endphase des Marcos-Regimes auf den Philippinen, das Bekanntwerden flagranter Menschenrechtsverletzungen z. B. in Argentinien zu Beginn der 1980er Jahre oder in Namibia und Südafrika am Ende jenes Jahrzehnts können zu einem Anwachsen interner Protestbewegungen und zu weiterer außenpolitischer Isolierung führen" (Merkel 2010: 99). Ökonomische Notlagen, soziale Verwerfungen und Scheitern der Regierung sind systeminterne Ursachen von Demokratisierungsdruck durch das Volk. Es gilt jedoch auch zu berücksichtigen, dass solche systemintern entstehende Legitimitätsverluste auch Demokratien gefährden können und deren Transformation in autokratische Systeme nach sich ziehen können – wie z. B. Deutschland in der Zeit der Weimarer Republik.

Wichtige systemexterne Ursachen für das Ende autokratischer Regime erkennt Merkel in Kriegsniederlagen des jeweiligen Landes (ein gutes Beispiel liefert wiederum Deutschland nach dem Zweiten Weltkrieg) oder in der Kriegsniederlage deren Besatzerregimes – so z. B. Norwegen oder die Niederlande nach der Niederlage des deutschen Nationalsozialismus. Ferner könne der Wegfall externer Unterstützung den Niedergang auslösen: Als die UdSSR unter dem Generalsekretär Gorbatschow deutlich machte, dass sie auf militärische Unterstützung der „Bruderstaaten" gegenüber Demokratisierungsbestrebungen verzichten würde, war der Weg von z. B. Polen oder Ungarn sowie der DDR in die Demokratisierung frei.

Der innere Legitimitätszerfall oder die von außen kommenden Einflüsse üben einen Veränderungsdruck auf das autokratische System aus, dem jedoch mit verschiedenen Mitteln bzw. Formen der Demokratisierung begegnet werden kann. Nur während der ersten Demokratisierungswelle (1828–1922) waren in einzelnen Ländern lang andauernde, evolutionäre Prozesse festzustellen, in denen langsam und schrittweise demokratiespezifische Elemente, wie z. B. Parlamentarisierung, Wahlrecht oder Rechtsstaatlichkeit, eingeführt wurden. In den späteren Demokratisierungswellen nach dem Zweiten Weltkrieg waren andere Verläufe auszumachen, die in den verschiedenen Ländern jeweils besondere Formen annahmen, jedoch auf einige „Idealtypen" reduzierbar sind (vgl. Merkel 2010: 101 ff.):

- *Ausgehandelte Transitionen,* wie sie z. B. in Spanien, Ungarn und Polen stattfanden, entstehen aus einem

Verhandlungsprozess der bisherigen Regime mit deren Opposition.
- Ein *von alten Regimeeliten gelenkter Systemwechsel* war während der dritten und vierten Demokratisierungswelle insbesondere in Lateinamerika aber auch Asien vorzufinden. Das autokratische Regime initiiert und kontrolliert die Transformation, wobei – wie z. B. in Paraguay oder auch Taiwan – die alten Eliten sich auch in der neuen Demokratie als Elite etablieren können. Zumindest in der Übergangsphase behalten die ehemals autokratischen Regierungen Macht und Einfluss, den sie gegenüber der Opposition auch ausüben und so gegebenenfalls auch zur Neu- oder Wiederbeschaffung von Legitimität im neuen System nutzen.
- Als *„von unten erzwungene Transition"* können die Vorgänge in der DDR und der Tschechoslowakei 1989/90 oder in Portugal 1974 bezeichnet werden. Der Legitimationsverlust und der Verfall von Machtressourcen förderte eine starke Mobilisierung der Bevölkerung – man denke an die wöchentlich größer werdenden „Montagsdemonstrationen" in Leipzig und anderen ostdeutschen Städten im Herbst 1989 – deren Druck einen raschen Ablösungsprozess der alten Machthaber auslöste. Die alten Eliten werden völlig verdrängt und haben oft keine Chance zur weiteren Machtteilhabe.
- Der *Regimekollaps* unterscheidet sich von der erzwungenen Transition insofern, dass hier häufig äußere Umstände und Einflüsse wirksam werden. Die Regime des italienischen Faschismus (1943/1945) und des deutschen Nationalsozialismus (1945) sowie Argen-

tiniens (1983) kollabierten infolge von Kriegsniederlagen. Der Kollaps geht mit absolutem Machtverlust einher, zwingt die alten Machthaber zur Flucht oder führt zu deren Bestrafung – mitunter auch Hinrichtung.
- Während in den vorgenannten Fällen „nur" ein Systemwechsel vollzogen wurde, aber der Staat und dessen Territorium bestehen blieben, bedeutete der Zusammenbruch der UdSSR oder der Bundesrepublik Jugoslawien nicht nur die neue Gestaltung des politischen Systems, sondern führte zur *Neugründung von Staaten*. Aus dem sozialistischen Imperium gründeten sich u. a. Lettland, Litauen, Estland, Russland, Weißrussland als selbstständige Staaten, die sich dann (mehr oder minder) demokratische Regierungsformen gaben.

Ist schon die Ablösung von autokratischen Staatsregierungen ein schwieriger, mitunter misslingender und häufig auch blutiger Akt, so erweist sich die Demokratisierung als noch problematischerer Prozess. Die Institutionalisierung der Demokratie und deren spätere Konsolidierung können als zwei Phasen dieses Prozesses differenziert werden.

Im Rahmen der Institutionalisierung müssen die neuen Machthaber ein Normen- und Institutionensystem aufbauen. Sie verfügen dabei häufig über einen recht großen Handlungsspielraum, was ihnen vielfältige Gestaltungsmöglichkeiten bietet. Sie müssen jedoch auch in einem nicht berechenbaren innen- und außenpolitischen Umfeld agieren, das die Neugestaltung kritisch betrachtet. „Da [..] Normen, Institutionen und Interessen noch nicht in eine akzeptierte Balance gebracht worden sind und dadurch die politischen Entscheidungen gleichermaßen begrenzen wie legitimieren, ist in der Demokratisierungsphase das Risiko des Scheiterns noch beachtlich hoch" (Merkel 2010: 106). Höchst unterschiedliche Partikularinteressen, vielfältige Machtbestrebungen und widerstreitende Positionen von z. B. Wirtschaftsgruppen, ethnischen Minderheiten oder bislang ausgegrenzten und unterdrückten Personenkreisen (z. B. Intellektuelle, Dissidenten, Gewerkschaften etc.) wirken noch ungeordnet und nicht diszipliniert durch feste Regelungen auf die Entscheidungsträger ein.

Es gilt in der ersten Phase der Demokratisierung, die Regierungsfähigkeit der (meist neuen) Machthaber herzustellen und gleichzeitig die institutionellen Grundlagen des neuen Regierungssystems zu schaffen, wozu insbesondere die Erarbeitung und Verabschiedung einer Verfassung, die Herstellung von handlungsfähiger Exekutive und Legislative sowie auch einer rechtsstaatlichen Judikative gehören. Die Gestaltung der Strukturen gibt jedoch nur den Rahmen der kommenden Demokratie vor, so dass als nächstes der Aufbau eines Akteursystems mit im Wesentlichen Parteien und Interessensvereinigungen ansteht, der den gesellschaftlichen Pluralismus widerspiegelt. Die Art der Förderung oder Benachteiligung, Integration oder Ausgrenzung der verschiedenen sozialen, regionalen, ethnischen, religiösen, kulturellen und politischen Interessen resp. deren Eliten ist mitentscheidend für die Akzeptanz und Legitimität der neuen Strukturen.

Die „institutionelle" und die „repräsentative Konsolidierung" beziehen sich auf die Politik im engeren Sinn, also auf die formalen Strukturen und die Akteure, die in und mit diesen Strukturen wirken. Unterhalb dieser Akteursebene der Parteien und Interessensorganisationen bestehen jedoch weitere informelle politische Akteure, die als Eliten z. B. des Militärs, der Wirtschaft oder aber auch radikaler Bewegungen bis hin zu Terrorgruppen, die in das demokratische System und vor allem die demokratischen Willensbildungs- und Entscheidungsprozesse eingebunden werden müssen. Für einige der vorgenannten Akteure bedeutet die Demokratisierung auch einen Macht-, Autoritäts- oder Einflussverlust. Deren Verhalten nun zu demokratisieren und damit Revolutions- oder Restaurationsbestrebungen entgegenzuwirken, ist die wichtige Anforderung.

Die vierte Ebene der demokratischen Konsolidierung betrifft dann die „Herausbildung einer Staatsbürgerkultur als soziokulturellem Unterbau der Demokratie" (Merkel 2010: 112). Diese Legitimität und Stabilität der Demokratie schaffende Konsolidierung ist mitunter ein Jahrzehnte dauernder Prozess, dessen Länge unter anderem von den politischen Erfahrungen der Bürger mit Selbstbestimmung, dem Grad der positiven oder negativen Erfahrungen im autokratischen Vorgängersystem, der Bewertung des politischen sowie – ganz wichtig – des wirtschaftlichen Erfolgs der neuen Demokratie, dem Ausmaß innerer und äußerer Sicherheit sowie nicht zuletzt auch der politischen Partizipation der Bürgerinnen und Bürger abhängt.

Schon diese vielen Faktoren machen deutlich, dass

angesichts der unterschiedlichen Handlungsoptionen, der heterogenen historischen und sozialen Bedingungen sowie der länderspezifischen Verteilung der diversen Machtressourcen sozialer Subsysteme kaum ein Demokratisierungsprozess mit dem eines anderen Landes gleichartig ablaufen kann. Die Komplexität wird aber noch dadurch vergrößert, dass auch von außen einwirkende Faktoren, wie z. B. die Bewertung der Demokratisierung durch die Nachbarstaaten, die weltwirtschaftlichen Rahmenbedingungen und die internationale politische, wirtschaftliche oder auch militärische Unterstützung, Einflusswirkung besitzen (siehe Abb. 4.1). Vor diesem Hintergrund wird nachvollziehbar, dass die Institutionalisierung und Konsolidierung der Demokratie mit erheblichen Konflikten behaftet ist.

Die Demokratisierung in Spanien und Griechenland hatte damit mehr Entwicklungsmöglichkeiten und konnte sich schneller konsolidieren als beispielsweise in Russland und anderen osteuropäischen Staaten. Mitunter entwickeln sich dort eher polyarchische Strukturen oder so genannte „defekte Demokratien", die nicht alle Merkmale einer „vollkommenen Demokratie" besitzen (vgl. Göttling 2007: 15 ff.).

So blieben in den afrikanischen Staaten, wie Göttling (2007: 42 ff.) es beschreibt, viele in den 1990er Jahren begonnene Transformationsprozesse stecken oder wurden abgebrochen. Die Ursachen seien oftmals ein Wiedererstarken autoritärer Herrschaften und deren alter Eliten in Folge eines ökonomischen Zusammenbruchs des Landes. Statt demokratischer Prozesse und Strukturen gemäß den in Kapitel 3 diskutierten Kriterien sind

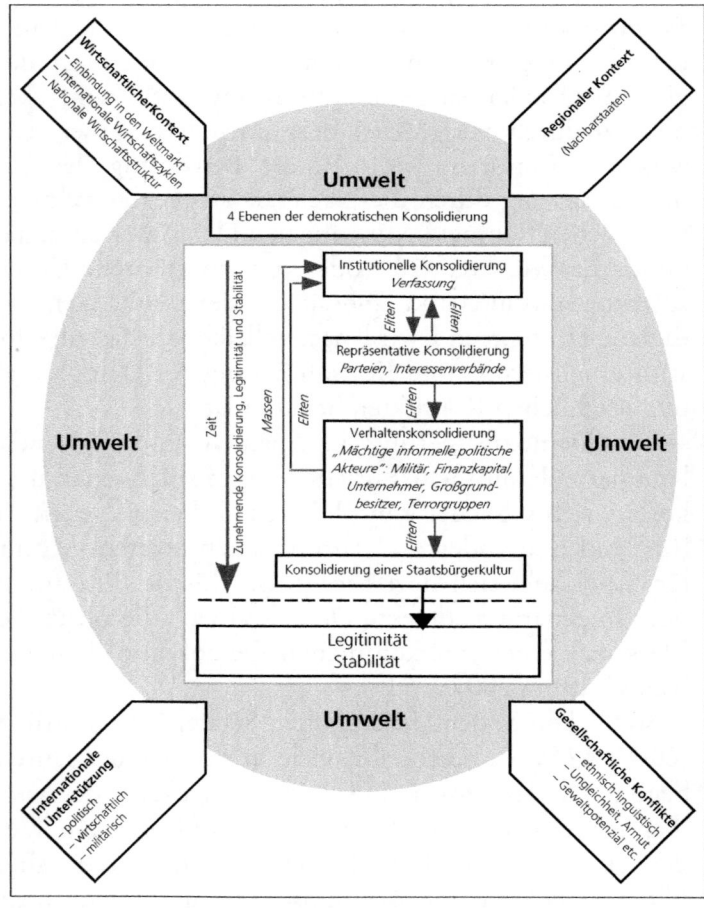

Abb. 4.1 Mehrebenenmodell der demokratischen Konsolidierung (Quelle: Merkel 2010: 111)

in vielen afrikanischen Staaten häufig nur Scheinwahlen in ausgeprägt präsidentiellen Systemen vorzufinden.

So betrachtet ist Demokratie weder eine Selbstverständlichkeit noch ein Selbstläufer, sondern ein System, das sich gegenüber anderen Konzepten der Staats- und Lebensform immer wieder behaupten und bewähren muss. Dies kann jedoch nur dann gelingen, wenn die Demokratie nicht auf Organisationsmuster beschränkt bleibt oder lediglich zur Regierungsrekrutierung dient. Demokratie muss immer wieder neu erfunden und stetig verteidigt werden, wenn sie als Staats- und Lebensform bei den Bürgern Anerkennung und Verteidigung finden soll.

4.5.2 Postdemokratie

Das Label Demokratie wird von vielen Staaten verwendet, auch wenn in „defekten Demokratien", wie von Beyme (2013: 10) es beschreibt, „nicht immer klar ist, ob sie schlecht regierte Systeme sind, oder ob die demokratische Struktur bloße Hülse geworden ist." Da Demokratien einem ständigen Wandel unterworfen sind, gibt es nicht nur in „defekten", sondern auch in etablierten Demokratien Entwicklungen, die von normativen Idealen einer Demokratie weg- und möglicherweise zu einer Art Postdemokratie hinführen. Die Idee von einer Postdemokratie fand durch Colin Crouch (2008) verstärkt Verbreitung. Er stellt die These auf, dass

„[w]ährend die demokratischen Institutionen formal weiterhin vollkommen intakt sind (und heute sogar in vielerlei Hinsicht weiter ausgebaut werden), entwickeln sich politische Verfahren und Regierungen zunehmend in eine Richtung zurück, die typisch war für vordemokratische Zeiten: Der Einfluss privilegierter Eliten nimmt zu, in der Folge ist das egalitäre Projekt zunehmend mit der eigenen Ohnmacht konfrontiert." (Crouch 2008: 13)

Die politische Prozesse sind gekennzeichnet durch verschiedene in den vorherigen Kapiteln gekennzeichneten Kritikpunkte, wie der Erosion der traditionellen Parteien (→ Kap. 4.3.4), einer starken Medialisierung (→ Kap. 3.4.5) und einer Stärkung des Expertentums.

Auf der einen Seite steht das Problem der Partizipation des einfachen Bürgers, wenn mehr und mehr Experten Positionen entwickeln, Gesetze formulieren und die Messlatte wissenschaftliche Objektivität zu werden scheint. Vor einem solchem Hintergrund und dem Anspruch, im Sinne einer „Ökonomisierung" (→ Kap. 4.3.3) effektiv die sozialen Anforderungen der Bürger zu erfüllen und hierbei effizient zu arbeiten, erscheint Regierungshandeln im Kontext der Privatisierung öffentlicher Güter und globaler Märkte (→ Kap. 4.4.2) schnell „alternativlos". Politische Partizipation des einfachen Bürgers erscheint hier kontraproduktiv, weil amateurhaft und fehlbar, und kann zu einer „Politik ohne Politiker" führen, wenn nicht Politiker sondern so genannte Experten aus der Wissenschaft oder Wirtschaft in die Regierung geholt werden (vgl. Beyme 2013: 51). Die Entwicklung zu einer Postdemokratie kann additiv an verschiedenen Entwicklungen festgemacht werden:

Das postdemokratische System ist durch den Rückgang der aktiven Partizipation der Bürger bei gleichzeitiger Zunahme von Populismus (→ Kap. 4.3.4) gekennzeichnet, es kommt zu einer Oligarchisierung, einer Stärkung der Exekutive durch eine Präsidentialisierung, welche die Gewaltenteilung gegenüber der Legislative und Exekutive schwächt oder einer Dominanz korporatistischer Akteure fördert. Hier können dann (einzelne) gesellschaftliche Gruppen über Berater und Lobbyisten Einfluss auf den politischen Prozess nehmen, ohne dass dies für den einzelnen Bürger im Detail nachvollziehbar wäre (vgl. Beyme 2013: 12; Richter 2006: 24).

Vor dem Hintergrund der in diesem Abschnitt beschriebenen Transformationen und Transitionen demokratischer Systeme (→ Kap. 4.5.1) und der vielfältigen Kritik, die an etablierten Demokratien geäußert wird, erscheint es nicht verwunderlich, dass u. a. von Colin Crouch (2008) die Postdemokratie ausgerufen wird. Dieser Demokratiepessimismus, welcher dennoch oft mit Reformvorschlägen für demokratische Systeme verbunden wird, erscheint von Beyme (2013: 11) nicht als Ende der Demokratie, sondern als eine Phase der Demokratietheorie, an die sich eine Diskussion um eine Neodemokratie anschließt. Hier gilt es, konstruktive Vorschläge für neue Demokratiemodelle und Reformansätze zur Überwindung einzelner Schwächen in demokratischen Systemen zu entwickeln.

> **Zum Nach- und Weiterdenken**
>
> Stellen Sie mögliche Ursachen für und Arten der Transformation zu einer Demokratie dar.
>
> Erläutern Sie, welche Herausforderungen sich für eine dauerhafte Etablierung einer Demokratie ergeben.
>
> Bewerten Sie aktuelle Entwicklung in verschiedenen demokratischen Staaten im Hinblick darauf, ob sie Aspekte einer Postdemokratie aufweisen.

4.6 Demokratiereformen – auf dem Weg zu einer Neodemokratie?

„Formale Rechte, Normen und Verfahren bleiben in der Regel [in Demokratien] intakt, aber die Chancen der Teilnahme und die tatsächliche Partizipation und Repräsentation haben sich verändert" (Merkel 2015: 490). Um dies zu ändern, werden von verschiedenen Demokratietheoretikern Reformen vorgeschlagen und eingefordert. Neben Fragen der Integration von Verbänden und Interessengruppen über Netzwerkstrukturen in Governanceprozessen werden vor allem Ansätze zur Stärkung der Partizipation des Bürgers und einer Intensivierung demokratischer Prozesse innerhalb von Parteien entwickelt. Von Beyme (2013: 82) identifiziert in diesem Bereich zum Beispiel acht Reformansätze für den deutschen Parlamentarismus und den Parteienstaat:

1. „Änderung des Wahlsystems,

2. Direktwahl der Exekutivspitze,
3. zeitliche Mandatsbegrenzung für Abgeordnete und Minister,
4. Aufhebung des Fraktionszwanges,
5. Verschärfung der Bedingungen für die Parteienfinanzierung,
6. Intensivierung der Korruptionsbekämpfung,
7. Primaries zur Demokratisierung der Kandidatenaufstellung der Parteien,
8. Einführung von Referenden auf allen Ebenen."

Betrachtet man die aktuelle Situation der Demokratie vor dem Hintergrund der Herausforderungen, so lässt sich die Entwicklung einer *Gegendemokratie* (vgl. Rosanvallon 2008: 15) beschreiben, in der die Wahlbeteiligung wieder steigt und die Bürger wieder stärker an politischen Prozessen partizipieren, politisches Handeln durch das Anprangern von Störfaktoren überwachen, zivilgesellschaftliche Akteure sich zum Teil weigern, sich mit den notwendigen Ressourcen an der Umsetzung von Entscheidungen zu beteiligen und anhand von Gerichten versucht wird, politische Entscheidungen zu bekämpfen. Zusätzlich verlieren Wahlen in der Wahrnehmung der Bevölkerung an Bedeutung, wodurch staatliche Akteure zum Teil delegitimiert werden. Verstärkt wird dies durch die Ökonomisierung und der damit einhergehenden Wahrnehmung, der Markt sei für die Schaffung des Gemeinwohls zentral (→ Kap. 4.3.3). Diese neue Rolle des Volkes in nicht verfassungsrechtlich spezifizierten Verfahren als Wachhunde, Vetospieler oder Richter werfen die Fragen auf, ob der Bürger für das „Richten" über komplexe Sachverhalte nicht überfordert sei und als Vetospieler und Wachhund nicht besonders die besser organisierten und gebildeten Modernisierungsgewinner partizipieren. Problematisch wird dies, wenn demokratisch legitimierte Entscheidungen durch starke Vetospieler blockiert werden, wie es bei großen Infrastrukturprojekten zu beobachten ist, sei es der Ausbau von Autobahnen oder die Planung von Stromtrassen (vgl. Beyme 2013: 139). Insgesamt betrachtet ist die öffentliche Unterstützung der demokratischen Ordnung mit einzelnen Schwankungen hoch, das Nationalgefühl hat vielfach zugenommen und verstärkt wieder die Legitimation von Nationalstaaten in Zeiten europäischer Integration und Globalisierung. Rechtsextremistische Parteien haben eine geringe Mitgliederzahl und trotz einer steigenden Zahl politisch motivierter Straftaten, findet man ein breites Spektrum an Bürgerinitiativen gegen rechts, vielfältige Ansätze zur Einbindung von Migranten durch Integrationsinitiativen und es wurden Fortschritte bei der Gleichstellung von Frauen und Homosexuellen in der Gesellschaft gemacht.

Ob diese Entwicklung ein Kennzeichen für den Beginn einer sogenannte Neodemokratie ist, bezweifelt von Beyme (2013: 149): Neodemokratie sei ein „normativ gefärbter Gegenbegriff zur ‚Postdemokratie' […]." Sie hebe im Gegensatz zur Postdemokratie nur die positiven Entwicklungschancen und Reformmöglichkeiten hervor, sei als Begriff jedoch unterkomplex.

Insgesamt kann davon ausgegangen werden, dass im Systemwettbewerb die Demokratie bestehen bleiben wird, da mit ihrem System verschiedene Leistungen wie der Rechtsfrieden im Inneren, äußerer Frieden unter Nachbarn, die Versorgung mit Zukunftsgütern (Sicherung des Existenzminimums, Bildungsangebote, Infrastruktur) und einer guten medizinische Versorgung verbunden werden (vgl. Beyme 2013: 149). Global betrachtet kann den freien Demokratien also eine relative Stabilität prognostiziert werden. Es gibt jedoch auch keine Anzeichen, die in den nächsten Jahren auf eine weitere Demokratisierungswelle und dem Rückgang autoritärer Systeme hoffen lassen (vgl. Merkel 2010: 493 ff.).

Zum Nach- und Weiterdenken

Erläutern Sie, welche Probleme der Demokratie mit welchen der dargelegten Reformvorschlägen gemildert werden können.

Beurteilen Sie, ob es sich bei der aktuellen Entwicklung von Demokratien um eine Erfolgsgeschichte handelt.

Literatur zum Weiterlesen und Vertiefen

- Kost, Andreas (²2013): Direkte Demokratie. Wiesbaden.
- Merkel, Wolfgang (²2010): Systemtransformation. Eine Einführung in die Theorie und Empirie der Transformationsforschung. Wiesbaden.
- Beyme, Klaus von (2013): Von der Postdemokratie zur Neodemokratie. Wiesbaden.

Kommentierte Literaturhinweise

Schmidt, Manfred G. (⁵2010): Demokratietheorien. Eine Einführung. Wiesbaden: VS Verlag für Sozialwissenschaften.
Manfred G. Schmidts Buch über die Demokratietheorien entstand zunächst als Studienbrief der FernUniversität Hagen. Die Konzeption des Buches für den Einsatz in der Lehre trägt wesentlich dazu bei, dass eine thematisch breite, inhaltlich fundierte und dennoch gut zu lesende Einführung in wesentliche Bereiche der Demokratietheorie, der Demokratiegestaltung und der kritischen Diskussion zur Demokratie entstand. Vorgestellt werden die Ansätze der Vorläufer der modernen Demokratie von Aristoteles bis Marx sowie die theoretischen Konzepte zur modernen Demokratie mit der kritischen Würdigung von Weber, Schumpeter, Downs, Fraenkel

und anderen. Breiten Raum nimmt die vergleichende Demokratieforschung ein. Die Analyse der Stärken und Schwächen der Demokratie und der Demokratietheorien rundet das fast 600 Seiten umfassende Werk ab. In den Jahren hat sich Schmidts Buch als wichtiges Standardwerk entwickelt, das für die nähere Beschäftigung mit den theoretischen Hintergründen und der praktischen Bewertung der Demokratie unverzichtbar ist.

Massing, Peter, Gotthard Breit und Hubertus Buchstein (Hg.) (^{8}2011): Demokratie-Theorien. Von der Antike bis zur Gegenwart. Schwalbach/Ts.: Wochenschau Verlag.

Das Buch liefert eine Einführung in die Demokratietheorien und spannt den Bogen von der Antike (z. B. Cicero und Aristoteles), das Mittelalter und die Frühe Neuzeit (u. a. Spinoza, Machiavelli, Locke und Hobbes) über die Moderne (mit Kant, Mill, Lincoln) bis zu den demokratietheoretischen Konzeptionen der Gegenwart von beispielsweise Weber, Dahrendorf und Lijphart. Abgedruckt werden für die jeweilige Theorie typische Ausschnitte aus Originaltexten, die dann von verschiedenen Autoren unter den Aspekten der historischen Einordnung, des ideengeschichtlichen Zusammenhangs und der Bedeutung für die Gegenwart diskutiert werden.

Rudzio, Wolfgang (^{9}2015): Das politische System der Bundesrepublik Deutschland. Wiesbaden: Springer VS.

Die Betrachtung der Demokratie kann nicht auf die Theorie beschränkt werden, sondern bedarf des Blickes auf die konkrete Umsetzung in einem politischen System. Neben den Werken von Joachim Jens Hesse und Thomas Ellwein (†) (2012) „Das Regierungssystem der Bundesrepublik Deutschland", Baden-Baden: Nomos, und von Kurt Sontheimer/Wilhelm Bleek/Andrea Gawrich (2007) „Grundzüge des politischen Systems der Bundesrepublik Deutschland", München: Pieper, ist Rudzios Beschreibung und Analyse ein Standardwerk. Die Grundprinzipien der demokratischen Struktur in Deutschland stehen im Vordergrund und es werden die gesellschaftlichen sowie politisch-institutionellen Bedingungen der gelebten Demokratie aufgezeigt. Wesentliche Akteure werden vorgestellt, die Inter- und Intra-Organ-Kontrolle nachvollziehbar beschrieben und die grundgesetzlichen Normen auf ihre konkrete Umsetzung geprüft.

Lembcke, Oliver; Ritzi, Claudia; Schaal, Gary (Hg.): Zeitgenössische Demokratietheorie. (2012) Band 1: Normative Demokratietheorien. (2016) Band 2: Empirische Demokratietheorien. Wiesbaden: Springer VS.

Den drei Herausgebern Lembcke, Ritzi und Schaal ist mit ihrem Werk zur zeitgenössischen Demokratietheorie gelungen, zwei gut strukturierte Sammlungen von Beiträgen zu normativen (Band 1) und empirischen (Band 2) Demokratietheorien zusammenzustellen. Der erste Band ermöglicht es dem Leser, sich das weite Feld normativer Demokratietheorien leicht zu erschließen. Dies gelingt, da die Herausgeber dem Leser zum einen eine gelungene Systematisierung normativer Demokratietheorien anbieten, die eine Orientierung in der großen Zahl der Theorien erleichtert, es zum anderen jedoch durch einheitlich gegliederte, aber in sich geschlossene Einzelbeiträge möglich wird, ausgewählte Theorien kennenzulernen. Der zweite Band zu empirischen Demokratietheorien kann genutzt werden, um ausgewählte Problematisierungen aus diesem Demokratie-Buch, wie E-Democracy, Übergänge zur Demokratie, Mediendemokratie oder Postdemokratie, theoretisch zu vertiefen.

Kost, Andreas (^{2}2013): Direkte Demokratie. Wiesbaden: Springer VS.

Direkte Demokratie ist das Thema eines weiteren Bandes der Lehrbuchreihe *Elemente der Politik* und bietet auf 117 Seiten eine kompakte Einführung in das Konzept der direkten Demokratie und Ideen zur Ausweitung bürgerlicher Partizipation sowie theoretische Ansätze und eine übersichtliche Darstellung zu den Beteiligungsformen auf kommunaler, Landes- und Bundesebene. Abschließend liefert Kost einen Überblick über direktdemokratische Beteiligungsmöglichkeiten außerhalb Deutschlands. Hierbei geht er über den oft betrachteten Fall Schweiz hinaus, indem er auch die anderen Staaten in Europa einordnet und einen Eindruck für die Situation in den anderen Weltteilen vermittelt. Für einen leichteren inhaltlichen Zugang hat Kost am Ende ein Glossar angehängt, das zentrale Begriffe kurz erläutert.

Literatur

Ackermann, Paul (1998): Die Bürgerrolle in der Demokratie als Bezugsrahmen für die politische Bildung. In: Breit, Gotthard, und Siegfried Schiele (Hg.): Handlungsorientierung im Politikunterricht. Bonn: Bundeszentrale für politische Bildung. S. 13–34.

Aichholzer, Georg und Stefan Strauß (2016): Electronic Participation in Europe. In: Lindner, Ralf; Georg Aichholzer und Leonhard Hennen (Hg.): Electronic Democracy in Europe. Prospects and Challenges of E-Publics, E-Participation and E-Voting. Heidelberg u.a: Springer, S. 55–132.

Alemann, Ulrich von (^{2}1989): Organisierte Interessen in der Bundesrepublik Deutschland. Opladen: Leske + Budrich.

Alemann, Ulrich von (^{4}2010): Das Parteiensystem der Bundesrepublik Deutschland. Wiesbaden: VS – Verlag für Sozialwissenschaften.

Barber, Benjamin R. (1984): Strong Democracy. Participatory Politics for a New Age. Berkley u.a: University of California Press.

Beck, Ulrich (1986): Risikogesellschaft. Auf dem Weg in eine andere Moderne. Frankfurt a. M.: Suhrkamp.

Beck, Ulrich (1993): Die Erfindung des Politischen. Zu einer Theorie reflexiver Modernisierung. Frankfurt a. M.: Suhrkamp.

Bentham, Jeremy (1998, ¹1776): A Fragment on Government: Being an Examination of what is Delivered, on the Subject of Government in General. Cambridge: University Press.

Bernstein, Eduard (1973; ¹1899): Die Voraussetzungen des Sozialismus und die Aufgaben der Sozialdemokratie, Bonn: Dietz.

Beyme, Klaus von (2013): Von der Postdemokratie zur Neodemokratie. Wiesbaden: Springer VS.

Beyme, Klaus von (²1984): Parteien in westlichen Demokratien, München: Pieper.

Böhret, Carl, Werner Jann und Eva Kronenwett (³1988): Innenpolitik und politische Theorie. Ein Studienbuch. Opladen: Westdeutscher Verlag.

Brodocz, André; Llanque, Marcus; Schaal, Gary S. (2008): Demokratie im Angesicht ihrer Bedrohung. In: Brodocz, André; Llanque, Marcus; Schaal, Gary S. (Hg.): Bedrohung der Demokratie. Wiesbaden: VS Verlag für Sozialwissenschaften, S. 11–26.

Brozus, Lars und Michael Zürn (1999): Globalisierung – Herausforderung des Regierens. In: Informationen zur politischen Bildung, Heft 263, Globalisierung, S. 59–65.

Buchstein, Hubertus und Harald Neymanns (2002): Einleitung. In: dies. (Hg.): Online-Wahlen. Opladen: Leske + Budrich.

Bundesministerium des Innern (Hg.) (2002): Moderner Staat – Moderne Verwaltung. Berlin: Eigenverlag.

Bundesministerium des Innern (Hg.) (2016): Verfassungsschutzbericht 2015. Berlin: Eigenverlag.

Churchill, Winston S. (1983): His Complete Speeches, 1897–1963, Vol. VII 1943–1949, hgg. von Robert Rhodes James. New York/London: Atheneum.

Crouch, Colin (2008): Postdemokratie. Frankfurt a. M.: Suhrkamp.

Deutscher Bundestag (Hg.) (2002): Globalisierung der Weltwirtschaft – Herausforderungen und Antworten. BT-Drucksache 14/9200, Schlussbericht der Enquete-Kommission. Berlin.

Duchesneau, François (1975): Die angelsächsische Philosophie von Bentham zu William James, in: Châtelet, François (Hg.): Geschichte der Philosophie, Band VI. Die Philosophie im Zeitalter von Industrie und Wissenschaft. Frankfurt a. M., Berlin, Wien: Ullstein, S. 114–138.

Eimeren, Birgit van und Beate Frees: Dynamische Entwicklung bei mobiler Internetnutzung sowie Audios und Videos. Ergebnisse der ARD/ZDF-Onlinestudie 2016. In: Media Perspektiven 9/2016, S. 418–437.

Evers, Tilman (^{3}2011): Volkssouveränität und parlamentarisches System – Ideologiegeschichtliche Wurzeln einer aktuellen Debatte. In: Heußner, Hermann K./Otmar Jung (Hg.): Mehr direkte Demokratie wagen. Volksentscheid und Bürgerentscheid: Geschichte – Praxis – Vorschläge. München: Olzog, S. 23–37.

Forndran, Erhard (2002): Demokratie und demokratischer Staat in der Krise? Eine Frage an Theorie und Praxis zu ihren Handlungsmöglichkeiten und Handlungsgrenzen. Baden-Baden: Nomos.

Forsthoff, Ernst (1971): Der Staat der Industriegesellschaft. München: C. H. Beck.
Fraenkel, Ernst (⁹2011): Deutschland und die westlichen Demokratien. Stuttgart: Kohlhammer.
Freistein, Katja und Julia Leininger (¹³2015): Internationale Organisationen. In: Woyke, Wichard und Johannes Varwick (Hg.): Handwörterbuch Internationale Politik. Opladen: Barbara Budrich, S. 197–209.
Frevel, Bernhard und Rudolf Hrbek (1996): Aufbau und Struktur des demokratischen Staates. Stuttgart: AKAD.
Fuchs, Dieter und Edeltraud Roller (2016): Einstellungen zur Demokratie und Sozialstaat. In: Statistisches Bundesamt u. a. (Hg.): Datenreport 2016. Ein Sozialbericht für die Bundesrepublik Deutschland. Bonn: Bundeszentrale für politische Bildung, S. 407–415.
Gehlen, Arnold (1976): Die Seele im technischen Zeitalter. Sozialpsychologische Probleme in der industriellen Gesellschaft. Hamburg: Rowohlt.
Geis, Anna (2008): Andere, Fremde, Feinde: Bedrohungskonstruktionen in der Demokratie. In: Brodocz, André; Llanque, Marcus; Schaal, Gary S. (Hg.): Bedrohung der Demokratie. Wiesbaden: VS Verlag für Sozialwissenschaften, S. 169–188.
Gigon, Olof (1976): Das hellenische Erbe. In: Mann, Golo und Alfred Heuss: Propyläen Weltgeschichte, Bd. III: Griechenland – Die hellenistische Welt. Frankfurt a. M./Berlin: Propyläen, S. 573–674.
Göhler, Gerhard und Ansgar Klein (1991): Politische Theorien des 19. Jahrhunderts. In: Lieber, Hans-Joachim (Hg.): Politische Theorien von der Antike bis zur Gegenwart. Bonn: Bundeszentrale für politische Bildung, S. 259–656.
Gombert, Tobias u. a. (⁴2014): Lesebuch der Sozialen Demokratie I: Grundlagen der Sozialen Demokratie. Bonn: Dietz.

Göttling, Nicky (2007): Hybride Regime in Asien und Afrika. Theorie und Empirie politischer Grauzonen. Saarbrücken: Akademiker Verlag.

Guggenberger, Bernd und Claus Offe (Hg.) (1984): An den Grenzen der Mehrheitsdemokratie. Politik und Soziologie der Mehrheitsregel. Opladen: Westdeutscher Verlag.

Habermas, Jürgen (1992): Faktizität und Geltung. Frankfurt am Main: Suhrkamp.

Hartwich, Hans-Hermann (1970): Sozialstaatspostulat und gesellschaftlicher status quo. Köln/Opladen: Westdeutscher Verlag.

Hegel, Georg Wilhelm Friedrich (2016, [1]1807): Phänomenologie des Geistes. Altenmünster: Jazzybee.

Heidenreich, Felix (2008): Ökonomismus – eine Selbstgefährdung der Demokratie? Über Legitimation durch Wohlstand. In: Brodocz, André; Llanque, Marcus; Schaal, Gary S. (Hg.): Bedrohung der Demokratie. Wiesbaden: VS Verlag für Sozialwissenschaften, S. 370–384.

Hennis, Wilhelm (1977): Zur Begründung der Fragestellung. In: Hennis, Wilhelm, Peter Graf Kielmannsegg, Ulrich Matz (Hg.): Regierbarkeit. Studien zu ihrer Problematisierung. Stuttgart: Klett-Cotta.

Hensell, Stephan (2009): Die Willkür des Staates. Herrschaft und Verwaltung in Osteuropa. Wiesbaden: VS Verlag für Sozialwissenschaften.

Hesse, Joachim Jens und Thomas Ellwein ([10]2012): Das Regierungssystem der Bundesrepublik Deutschland. Baden-Baden: Nomos.

Heuss, Alfred (1976): Hellas. In: Mann, Golo und Alfred Heuss: Propyläen Weltgeschichte, Bd. III: Griechenland – Die hellenistische Welt. Frankfurt a. M./Berlin: Propyläen, S. 69–400.

Heußner, Hermann K. und Otmar Jung (Hg.) (³2011): Mehr direkte Demokratie wagen. Volksentscheid und Bürgerentscheid: Geschichte – Praxis – Vorschläge. München: Olzog.

Hilbert, Martin (2007): Digitalisierung demokratischer Prozesse. Gefahren und Chancen der Informations- und Kommunikationstechnologie in der demokratischen Willensbildung der Informationsgesellschaft. Berlin: Duncker & Humblot.

Kant, Immanuel (¹⁴2004): Schriften zur Anthropologie, Geschichtsphilosophie, Politik und Pädagogik 1. Frankfurt a. M.: Suhrkamp.

Kersting, Norbert, Phillipe Schmitter und Alexander Trechsel (2008): Die Zukunft der Demokratie. In: Kersting Norbert (Hg.): Politische Beteiligung. Einführung in dialogorientierte Instrumente politischer und gesellschaftlicher Partizipation. Wiesbaden: VS Verlag für Sozialwissenschaften.

Korte, Karl-Rudolf (⁴2003): Wahlen in der Bundesrepublik Deutschland. Bonn: Bundeszentrale für politische Bildung.

Kost, Andreas (²2013): Direkte Demokratie. Wiesbaden: Springer VS.

Krüger, Herbert (1966): Allgemeine Staatslehre. Stuttgart: Kohlhammer.

Landwehr. Claudia (2012): Demokratische Legitimation durch rationale Kommunikation. Theorien deliberativer Demokratie. In: Lembcke, Oliver; Ritzi, Claudia; Schaal, Gary (Hg.): Zeitgenössische Demokratietheorie. Band 1: Normative Demokratietheorien. Wiesbaden: Springer VS, S. 355–385.

Lehner, Franz und Ulrich Widmaier (⁴2002): Vergleichende Regierungslehre. Opladen: Leske + Budrich.

Lembcke, Oliver; Ritzi, Claudia; Schaal, Gary (2012b): Zwischen Konkurrenz und Konvergenz. Eine Einführung in die normative Demokratietheorie. In: Lembcke, Oliver; Ritzi, Claudia; Schaal, Gary (Hg.) (2012): Zeitgenössische Demokratietheorie. Band 1: Normative Demokratietheorien. Wiesbaden: Springer VS, S. 9–32.

Lembcke, Oliver; Ritzi, Claudia; Schaal, Gary (Hg.) (2012a): Zeitgenössische Demokratietheorie. Band 1: Normative Demokratietheorien, Wiesbaden: Springer VS.

Lijphart, Arend (1984): Democracies. New Haven/London: Yale University Press.

Lijphart, Arend (2008): Thinking about Democracy: Power sharing and majority rule in theory and practice. London/New York: Routledge.

Lijphart, Arend (²2012): Patterns of Democracy. Government Forms and Performance in Thirty-Six Countries. New Haven/London: Yale University Press.

Lindner, Ralf; Georg Aichholzer und Leonhard Hennen (2016): Electronic Democracy in Europe. An Introduction. In: Lindner, Ralf; Georg Aichholzer und Leonhard Hennen (Hg.): Electronic Democracy in Europe. Prospects and Challenges of E-Publics, E-Participation and E-Voting. Heidelberg u.a: Springer, S. 1–17.

Llanque, Marcus (2008): Das genealogische Verhältnis der konstitutionellen Demokratie zur kosmopolitischen Menschenrechtsidee. In: Brodocz, André; Llanque, Marcus; Schaal, Gary S. (Hg.): Bedrohung der Demokratie. Wiesbaden: VS Verlag für Sozialwissenschaften, S. 311–331.

Loewenstein, Karl (⁴2000): Verfassungslehre. Tübingen: Mohr Siebeck.

Massing, Peter, Gotthard Breit und Hubertus Buchstein (Hg.) (2011): Demokratie-Theorien. Von der Antike bis zur Gegenwart. Schwalbach/Ts.: Wochenschau.

Maus, Ingeborg (1994): Zur Aufklärung der Demokratietheorie. Rechts- und demokratietheoretische Überlegungen im Anschluss an Kant. Frankfurt am Main: Suhrkamp.

Merkel, Wolfgang (Hg.) (2015): Demokratie und Krise. Zum schwierigen Verhältnis von Theorie und Empirie. Wiesbaden: Springer VS.

Merkel, Wolfgang (²2010): Systemtransformation. Eine Einführung in die Theorie und Empirie der Transformationsforschung. Wiesbaden: VS Verlag für Sozialwissenschaften.

Meyer, Thomas (2008): Sozialismus. Wiesbaden: VS Verlag für Sozialwissenschaften.

Mill, John Stuart (1969): Über Freiheit. Frankfurt a. M./Wien: Europäische Verlagsanstalt.

Mill, John Stuart (1971): Betrachtungen über die repräsentative Demokratie. Paderborn: Schöningh.

Mill, John Stuart (1985): Der Utilitarismus. Stuttgart: Reclam.

Mueller, Dennis C. (2003): Public Choice III. Cambridge: Cambridge University Press.

Mühleisen, Hans-Otto (2015): Idee und Wirklichkeit: Kritische Zugänge zur deliberativen Demokratietheorie von Jürgen Habermas. In: Ottmann, Henning; Barisić, Pavo (Hg.): Deliberative Demokratie. Baden-Baden: Nomos, S. 119–134.

Neumann, Lothar F. (Hg.) (1979): Sozialforschung und soziale Demokratie. Bonn: Verlag Neue Gesellschaft.

Nitsche, Andreas (2014): Liquid Democracy – what all the noise is about. In: The Liquid Democracy Journal on electronic participation, collective moderation, and voting systems, Vol. 1.

Offe, Claus (1969): Politische Herrschaft und Klassenstrukturen. In: Kress, Gisela und Dieter Senghaas (Hg.): Politikwissenschaft. Frankfurt a. M.: Fischer, S. 155–189.

Offe, Claus (1992): Wider scheinradikale Gesten – die Verfassungspolitik auf der Suche nach dem Volkswillen. In: Hofmann, Gunter und Werner A. Perger (Hg.): Die Kontroverse.

Weizsäckers Parteienkritik in der Diskussion. Frankfurt am Main: Eichborn, S. 126–142.

Ottmann, Henning (2015): Was man von der deliberativen Demokratie erwarten darf. In: Ottmann, Henning; Barisić, Pavo (Hg.): Deliberative Demokratie. Baden-Baden: Nomos, S. 221–235.

Pfahl-Traughber, Armin (2016): Terrorismus – Merkmale, Formen und Abgrenzungsprobleme. APuZ, Heft 24-25/2016, S. 10–18.

Rattinger, Hans (^{2}2002): Parteiidentifikation. In: Greiffenhagen, Martin und Sylvia Greiffenhagen (Hg.): Handwörterbuch zur politischen Kultur der Bundesrepublik Deutschland. Wiesbaden: Springer Fachmedien. S. 316–323.

Riker, William H. (1980): A Reply to Ordeshook and Rae. In: APSR 74, S. 456–458.

Riklin, Alois (2006): Machtteilung. Geschichte der Mischverfassung. Darmstadt: Wissenschaftliche Buchgesellschaft.

Rosanvallon, Pierre (2008): Counter-Democracy. Politics in the Age of Distrust. Cambridge: Cambridge University Press.

Rousseau, Jean Jacques (1977): Vom Gesellschaftsvertrag (Du contrat social). In: ders.: Politische Schriften, Band 1, übersetzt und eingeleitet von L. Schmidts. Paderborn: Schöningh.

Rucht, Dieter, Mundo Yang und Ann Zimmermann (2008): Politische Diskurse im Internet und in Zeitungen. Wiesbaden: VS Verlag für Sozialwissenschaften.

Rudzio, Wolfgang (^{9}2015): Das politische System der Bundesrepublik Deutschland. Wiesbaden: Springer VS.

Schelsky, Helmut (1963): Der Mensch in der wissenschaftlichen Zivilisation. Köln, Opladen: Westdeutscher Verlag.

Schelsky, Helmut (1977): Mehr Demokratie oder mehr Freiheit? In: Denninger, Erhard (Hg.): Freiheitliche demokratische Grundordnung. Materialien zum Staatsverständnis und

zur Verfassungswirklichkeit in der Bundesrepublik. Frankfurt a. M.: Suhrkamp, S. 419 ff.
Schmidt, Manfred G. (⁵2010): Demokratietheorien. Wiesbaden: VS Verlag für Sozialwissenschaft.
Schmitt, Carl (1957; ¹1928): Verfassungslehre. Berlin: Duncker & Humblot.
Schmitt, Carl (1961; ¹1923): Die geistesgeschichtliche Lage des heutigen Parlamentarismus. Berlin: Duncker & Humblot.
Schubert, Klaus und Martina Klein (⁶2016): Das Politiklexikon. Bonn: Dietz.
Schulz, Winfried (³2011): Politische Kommunikation. Theoretische Ansätze und Ergebnisse empirischer Forschung. Wiesbaden: VS Verlag für Sozialwissenschaften.
Schulze, Gerhard (²2005): Die Erlebnisgesellschaft. Kultursoziologie der Gegenwart. Frankfurt a. M./New York: Campus.
Schumpeter, Joseph A. (⁸2005): Kapitalismus, Sozialismus und Demokratie. Tübingen: A. Francke – UTB.
Schwan, Alexander (1991): Politische Theorien des Rationalismus und der Aufklärung. In: Lieber, Hans-Joachim (Hg.): Politische Theorien von der Antike bis zur Gegenwart. Bonn: Bundeszentrale für politische Bildung, S. 157–258.
Sontheimer, Kurt, Wilhelm Bleek und Andrea Gawrich (2007): Grundzüge des politischen Systems Deutschlands. München: Pieper.
Tocqueville, Alexis de (1976): Über die Demokratie in Amerika. Stuttgart: Reclam.
Vesper, Michael (2001): Milieus und soziale Gerechtigkeit. In: Korte, Karl-Rudolf und Werner Weidenfeld (Hg.): Deutschland-Trendbuch. Fakten und Orientierungen. Opladen: Leske + Budrich, S. 136–183.

Vilmar, Fritz (1986): Demokratisierung. In: Meyer, Thomas u. a. (Hg.): Lexikon des Sozialismus. Köln: Bund-Verlag, S. 126–127.

Weber, Florian (2012): Selbstbestimmung durch Teilhabe. Theorien der partizipativen Demokratie. In: Lembcke, Oliver; Ritzi, Claudia; Schaal, Gary (Hg.): Zeitgenössische Demokratietheorie. Band 1: Normative Demokratietheorien. Wiesbaden: Springer VS, S. 223–254.

Weber, Max (^{5}1973): Soziologie. Weltgeschichtliche Analysen. Politik. Stuttgart: Alfred Kröner Verlag.

Weber, Max (1988; ^{1}1921): Gesammelte politische Schriften. Tübingen: Mohr Siebeck.

Weber, Max (2006): Wirtschaft und Gesellschaft. Paderborn: Voltmedia.

Zehnpfennig, Barbara (Hg.) (2007): Alexander Hamilton, James Madison, John Jay: Die Federalist Papers. München: Beck.

GPSR Compliance

The European Union's (EU) General Product Safety Regulation (GPSR) is a set of rules that requires consumer products to be safe and our obligations to ensure this.

If you have any concerns about our products, you can contact us on ProductSafety@springernature.com

In case Publisher is established outside the EU, the EU authorized representative is:

Springer Nature Customer Service Center GmbH
Europaplatz 3
69115 Heidelberg, Germany

Batch number: 08566409

Printed by Printforce, the Netherlands